Spice up your FRENCH with Cookversations !

By Sylvie Lainé

41 Easy Recipes in the form of lively conversations

With French-English Glossaries + French Food Culture

Mars 2019
Editions Le Français C'est Facile
30610 Sauve, France
E-mail : sylvielaine2017@gmail.com

ISBN : 978-2-37061-0720

Table des matières

Introduction

This is a book for gourmets, gourmands and all those who like to cook, but also for people who don't cook much, because these recipes are both easy and tasty ! These are not traditional recipes, but personal creations. I like to open my refrigerator, look at what's available and create something good with what I find ! I hope this book will inspire you to create your own recipes, as they can be varied almost infinitely ! Simply replace one ingredient with another of the same nature : a leek with a cabbage, a carrot with a turnip, a potato with a celeriac, etc. I am sometimes inspired by Asian and Indian cuisine, such as spring rolls, nems and vegetable curries, for example. So you will find here a joyful mix, always full of flavours, a delight for the eyes and the palate. I happen to be a vegetarian, so you won't find any meat in this book, but that's okay : many of these recipes can be used as side dishes for grilled or roasted meats, fish, etc... Accompaniments that you might never have thought of otherwise !

To allow you to focus on the language, I deliberately chose recipes that are easy... but delicious too. I cook every day, and every day I get different results. For a year, I've been noting the recipes that I found particularly successful and put them together in this book.

But let's not forget the French language ! To make it easier for you to read and learn new words, I have placed a bilingual glossary at the beginning of the book, which contains the vocabulary common to all recipes. This vocabulary is widely used in the culinary field, the one you can use when you explain a recipe to a friend. In addition, in each recipe, you will find an additional vocabulary list specific to that particular recipe. But in this book, you will not only learn culinary vocabulary. This book is designed as conversations between people who cook together. Imagine that I am here, in front of you, and I am making a recipe with friends and different guests. And we talk while cooking, of course. Just like in real life ! And since humans are talkative, we make many digressions, so the vocabulary lists may contain terms unrelated to cooking, idiomatic expressions and very practical phrases to express sensations or emotions such as surprise or uncertainty.

Learning the French language is not easy. For some people, it can even be a chore. Then a cycle begins. You study, you work hard, you get tired, and you stop. We start again, we make an effort, and we stop again. The advantages of a cookbook for learning a language are many : you have fun by participating in a concrete and fun activity. And you have a treat at the end ! You practice the language in a natural way. Your senses are awakened, which makes it easier to memorize on the unconscious level.

This book is therefore not a cookbook as we traditionally understand it. It is a series of conversations – Cookversations® - on the theme of French cuisine and eating habits. It will allow you to take breaks in your language study. Because breaks are important. It is necessary to know how to rest, to not always do grammar exercises. And why not rest by having fun, immersing yourself in the language, involving your emotions and senses ?

I hope you will enjoy reading, cooking... and eating !

Introduction en français

Ceci est un livre pour les gourmets, les gourmands et toutes celles et ceux qui aiment cuisiner, mais aussi pour les personnes qui ne cuisinent pas beaucoup, car les recettes présentées ici sont à la fois faciles et délicieuses ! Ce ne sont pas des recettes traditionnelles, mais des créations personnelles. J'aime ouvrir mon réfrigérateur, regarder ce qu'il y a de disponible et créer quelque chose de bon avec ce que je trouve ! J'espère que ce livre vous inspirera à créer vos propres recettes, car elles peuvent être variées presque à l'infini ! Il suffit de remplacer un ingrédient par un autre du même ordre : un poireau par un chou, une carotte par un navet, une pomme de terre par un céleri-rave, etc. J'aime quelquefois m'inspirer de la cuisine asiatique et indienne, comme avec les rouleaux de printemps, les nems et les currys de légumes, par exemple. Vous trouverez donc ici un joyeux méli-mélo, toujours plein de saveurs, un régal pour les yeux et le palais.

Il se trouve que je suis végétarienne, donc vous ne trouverez pas de viande dans ce livre, mais ce n'est pas grave : beaucoup de ces recettes peuvent servir d'accompagnements pour des viandes grillées ou rôties, du poisson, etc... Des accompagnements auxquels vous n'auriez peut-être jamais pensé autrement !

Pour vous permettre de vous concentrer sur la langue, j'ai choisi délibérément des recettes faciles... mais délicieuses aussi. Je cuisine tous les jours, Et chaque jour j'obtiens des résultats différents. Pendant une année, j'ai noté les recettes que je trouvais particulièrement réussies pour les réunir dans ce livre.

Mais n'oublions pas la langue française ! Pour vous faciliter la lecture et l'apprentissage de nouveaux mots, j'ai placé un glossaire bilingue au début du livre, qui rassemble le vocabulaire commun à toutes les recettes. Il s'agit d'un vocabulaire très usité dans le domaine culinaire, celui que vous pouvez utiliser lorsque vous expliquez une recette à un ami. De plus, vous trouverez dans chaque recette des listes de vocabulaire supplémentaire, spécifique à la recette en question. Mais dans ce livre, vous n'allez pas apprendre uniquement du vocabulaire culinaire. Ce livre est conçu sous la forme de conversations entre des personnes qui cuisinent ensemble. Imaginez que je suis là, devant vous, et je suis en train de réaliser une recette avec des amis et différents invités. Et nous discutons en cuisinant, Bien sûr. Comme dans la vraie vie ! Et comme les humains sont bavards, nous faisons de nombreuses digressions, et les listes de vocabulaire peuvent ainsi contenir des termes sans rapport avec la cuisine, des expressions idiomatiques et des tournures très pratiques servant à exprimer des sensations ou des émotions comme l'étonnement et l'incertitude.

L'apprentissage de la langue française n'est pas facile. Pour certains, il peut même se révéler une corvée. Alors un cycle commence. On étudie, on fait des efforts, on se fatigue, et on s'arrête. On recommence, on fait des efforts, et on s'arrête encore une fois. Les avantages d'un livre de cuisine pour apprendre une langue sont multiples : vous vous amusez en participant à une activité concrète et ludique. Et vous vous régalez à la fin ! Vous pratiquez la langue de manière naturelle. Vos sens sont en éveil, ce qui facilite la mémorisation sur le plan inconscient.

Ce livre n'est donc pas un livre de cuisine comme on l'entend traditionnellement. C'est une série de conversations sur le thème de la cuisine et des habitudes alimentaires des Français. Il vous permettra de faire des pauses dans votre étude de la langue. Car les pauses sont importantes. Il faut savoir se reposer, ne pas toujours faire des exercices de grammaire. Et pourquoi ne pas se reposer en s'amusant, en s'immergeant dans la langue, en impliquant ses émotions et ses sens ?

Je vous souhaite bonne lecture et bonne dégustation !

Vocabulaire de base / Core vocabulary

à feu doux	**over low heat**
à feu vif	**over high heat**
à votre goût	**to your taste**
ajouter	**to add**
assaisonner	**to season**
une assiette	**a plate**
baisser le feu	**to lower the heat**
battre	**to beat, to whip**
battu	**beaten**
le bicarbonate	**baking soda**
le bouillon	**the broth**
couper en dés	**to cut into cubes**
le couvercle	**the lid, cover**
couvrir	**to cover**
la crème	**the cream**
cru	**raw**
le cube	**the cube**
la cuillerée à café	**the teaspoon**
la cuillerée à soupe	**the tablespoon**
cuire	**to cook, simmer**
la cuisson	**the cooking process**
cuit	**cooked, baked**
le dé	**the dice, the cube**
décorer	**to decorate**
déguster	**to enjoy**
délayer	**to mix**
déposer	**to place**
le dessus	**the top**
dissoudre	**to dissolve**
dorer	**to brown**
l'ébullition	**the boiling**
égoutter	**to drain**
émincer	**to chop**
une épice	**a spice**
éplucher	**to peel**
étaler	**to spread, to roll out**
faire dorer	**to brown**
faire revenir	**to fry**
la farine	**the flour**
fariner	**to flour**
la feuille	**the sheet**
le fouet	**the whisk**
le four	**the oven**
frire	**to fry**
le fruit	**the fruit**
le goût	**the taste**
gonfler	**to swell**
graisser	**to grease**
(faire) gratiner	**to bake, brown**
le gros sel	**the coarse salt**
hacher	**to mince, to chop**
le hachoir	**the mincer**
hors du feu	**off the heat**
une huile	**an oil**
un ingrédient	**an ingredient**
la lamelle	**the sliver**
la lanière	**the strip**
le légume	**the vegetable**
le levage	**the rising**
la levure boulangère	**the yeast**
la levure chimique	**the baking powder**
la louche	**the ladle**
mélanger	**to mix, stir**
mettre la table	**to set the table**
(faire) mijoter	**to let it simmer**
mixer	**to mix, blend**
le morceau	**the piece**
le moule	**the cake pan**
un oignon	**an onion**
la passoire	**the colander**
la pâte	**the dough; batter**
les pâtes	**pasta**
peler	**to peel**
la pincée	**the pinch**
le plat	**the dish**
un plat allant au four	**an ovenproof dish**
la poêle	**the frying pan**
poêler	**to stir-fry**
le poivre	**the pepper**
poivrer	**to pepper**
préchauffer	**preheat**
le puits	**the well**
râper	**to grate**
recouvrir	**to cover**

refroidir	**cool down**	servir	**to serve**
remuer	**to stir**	la spatule	**the spatula**
répartir	**to distribute**	la tasse	**the cup**
faire revenir	**to fry**	le tout	**all of this**
rincer	**to rinse**	la tranche	**the slice**
le riz	**rice**	tremper	**to soak / dunk**
la rondelle	**the washer**	le trempage	**the soaking**
le saladier	**the salad bowl**	le verre	**the glass**
saler et poivrer	**to season**	verser	**to pour**
saupoudrer	**to sprinkle**	le vin blanc	**white wine**
la sauteuse	**the frying pan**	le vin rouge	**red wine**
le sel	**the salt**	le vin sec	**dry wine**
séparer	**to separate**		

Instructions to avoid leafing through the book with fingers covered in flour or onion juice !

Try as much as possible to learn the basic vocabulary list by heart. This may seem constraining, but you will see that it will make your job much easier when you start making a recipe. You will immediately understand half of the words. And, later, this vocabulary will be very useful to explain a recipe to a French friend !

Then, read the entire recipe from the beginning to the end before you start cooking. Make sure you understand all the vocabulary and sentences. Repeat aloud words and expressions that seem a little difficult to you. You can do this the day before you cook.

Now you can start the recipe. While making the recipe, you can play at talking to yourself in French : "Je casse les œufs, je mets les légumes dans un plat..."

Instructions pour éviter de feuilleter le livre avec les doigts couverts de farine ou de jus d'oignon !

Essayez autant que possible, d'apprendre la liste de vocabulaire de base par cœur. Cela peut sembler contraignant, mais vous verrez que cela vous facilitera grandement la tâche quand vous vous commencerez à réaliser une recette. Vous comprendrez d'emblée la moitié des mots. Et, plus tard, ce vocabulaire vous sera très utile pour expliquer une recette à un ami français !

Ensuite, lisez entièrement, c'est-à-dire du début à la fin, la recette qui vous intéresse avant de commencer à cuisiner. Vérifiez que vous comprenez tout le vocabulaire et toutes les phrases. Répéter à haute voix les mots et les expressions qui vous semblent un peu difficiles. Vous pouvez faire cela la veille de cuisiner.

Correspondances des unités de mesure / Correspondence of units of measurement

Thermostat	Degrés Celsius	Degrés Fahrenheit	Chaleur
Th. 1	30°C	85°F	très doux
Th. 2	60°C	140°F	
Th. 3	90°C	195°F	doux
Th. 4	120°C	250°F	
Th. 5	150°C	300°F	moyen
Th. 6	180°C	350°F	
Th. 7	210°C	410°F	chaud
Th. 8	240°C	460°F	
Th. 9	270°C	520°F	très chaud

Grammes (Gramms)	Onces (Ounces)	Livres (Pounds)
50 g	1,76 oz	0,11 lb
75 g	3 oz	0,165 lb
100 g	3,53 oz	0,22 lb
110 g	4 oz	1/4 lb
150 g	5,3 oz	1/3 lb
175 g	6 oz	3/8 lb
180 g	6,35 oz	0,4 lb
200 g	7,1 oz	0,44 lb
225 g	8 oz	1/2 lb
250 g	8,8 oz	1,55 lb
450 g	16 oz	1 lb
500 g	17,6 oz	1,1 lb

Millilitres	Onces liquides (Ounces fluid)	Pinte liquide (Pint fluid)
Une tasse	236 ml	0,5 pint
50 ml	2 fl oz	0,1 pint
120 ml	4 fl oz	0,25 pint
225 ml	7,5 fl oz	1,47 pint
300 ml	10 fl oz	1/2 pint
575 ml	20 fl oz	1 pint

Mijoter

Qu'est-ce que ça veut dire, ***mijoter*** ?

Un aliment mijote doucement, quand il ***frémit*** de façon régulière. Vous pouvez voir un petit peu de ***vapeur s'échapper***, et des petites bulles éclater à la surface de façon continue. En général, la température est juste au-dessous du **point d'ébullition**, cent degrés Celsius.

Un plat mijote rapidement quand vous voyez de nombreuses bulles éclater à la surface de manière continue, et beaucoup de vapeur s'échapper.

mijoter : to simmer, stew
frémir : to come to the boil
la vapeur : steam
s'échapper : to escape
le point d'ébullition : boiling point

Qu'est-ce qu'un feu doux, un feu moyen, un feu vif ?

Cuire à feu doux signifie à faible température. Je l'utilise, en général, pour faire mijoter des plats doucement. Dans ce cas, on peut voir quelques petites **bulles** se former à la surface.

Cuire à feu moyen signifie à moyenne température. Quand un plat mijote à ce niveau de température, on voit de nombreuses petites bulles éclater à la surface. Si c'est un aliment sec, on entend un ***grésillement*** continu.

Cuire à feu vif signifie à haute température. Je l'utilise uniquement pour faire bouillir de l'eau rapidement, ou amener de l'huile de friture à ***ébullition***.

la bulle : bubble
le grésillement : frizzling sound
l'ébullition : boiling

Petit exercice préliminaire si vous n'avez pas l'habitude de cuisiner. Mais pour les habitués aussi...

Si vous n'avez pas l'habitude de cuisiner, je vous conseille de faire cet exercice pour ***aiguisez*** vos sens. Car on est plus réceptif, et aussi plus créatif, quand tous nos ***sens*** sont ***en éveil***. Les meilleurs cuisiniers apprennent à travailler avec tous leurs sens. Vous pouvez faire cet exercice seul ou à plusieurs. Avec des enfants ou des adultes.

Fermer les yeux et concentrez-vous sur ce que vous **sentez**. Quelles odeurs percevez-vous actuellement ? Chercher dans vos souvenirs. Vous rappelez-vous le parfum d'une rose ? D'une banane ? L'odeur d'un vin rouge ?

Maintenant, concentrez-vous sur les sons. Qu'est-ce que vous entendez ? Pouvez-vous décrire ces sons ? Pouvez-vous les compter ? On a aussi une mémoire des sons. Pouvez-vous vous rappeler le son des pop-corn en train d'éclater ? Celui de verres qui ***s'entrechoquent ?*** Il suffit de se souvenir, et on entend des choses...

À présent, concentrez-vous sur le sens du **goût**. Essayer de vous rappeler le goût de la fraise. On peut aussi combiner le sens du goût et celui du toucher. Rappelez-vous le goût sucré et parfumé d'une poire et sa texture douce et fondante. Le goût rafraîchissant et la texture élastique d'un chewing-gum à la menthe. Le goût et la texture d'un aliment que vous aimez particulièrement.

Maintenant, vous pouvez ouvrir les yeux et toucher quelques objets autour de vous. Quelles sensations avez-vous ? L'objet est-il ***lisse***, ***rugueux***, froid, ou chaud ?

aiguiser : to sharpen
les sens : the senses
en éveil : be alert
sentir : to smell
s'entrechoquer : to bang together
le goût : taste
lisse : smooth
rugueux : rough

Snacks, apéritif

Boulettes apéritives magiques / Magic pre-dinner dumplings

Durée de préparation : 10 min.
Durée de cuisson : 25 min.

Pour environ 40 boulettes

1 **céleri-rave** de 400 g (avec le **jus de cuisson**)
2 cuillerées à soupe de crème
Quelques pincées de noix muscade en poudre
Du sel et du poivre
3 cuillerées à soupe de farine de **pois chiches**
1 tasse de **farine de blé**
1 demi-cuillerée à café de bicarbonate ou de **levure chimique**
De **l'huile de friture**

le céleri-rave : celeriac
le jus de cuisson : cooking juices
les pois chiches : chickpeas
la farine de blé : wheat flour
la levure chimique : baking powder
l'huile de friture : frying oil

Alexia et Fabien sont avec moi aujourd'hui pour réaliser cette recette de boulettes magiques. Alexia, ma nièce, a 10 ans, et Fabien, mon neveu, a 8 ans. Mais ce n'est pas une recette pour les enfants uniquement, les adultes l'adorent aussi.

Première partie
SYLVIE : Vous allez bien, les enfants ?
ALEXIA : Oui !

SYLVIE : Vous savez ce qu'on va faire, aujourd'hui ?
FABIEN : Des boulettes magiques !
SYLVIE : Exactement. Ce sont des boulettes au céleri, qui gonflent à la cuisson. Vous allez voir, c'est très amusant. Regardez ce céleri. Je vais le couper en deux parce qu'il est trop gros. On n'a besoin que de la moitié. Je vais l'éplucher et le couper en morceaux.
FABIEN : C'est quoi, le céleri ?
SYLVIE : C'est un légume racine. Ça pousse dans la terre, et c'est très aromatique.
ALEXIA : Comme les pommes de terre.
SYLVIE : Oui, mais ça n'a pas le même goût. Maintenant, on va mettre un peu d'eau et un peu de sel dans le fond d'une casserole. Un ou deux centimètres d'eau, ça suffit pour cuire les morceaux de céleri. Ils vont cuire à la vapeur.
ALEXIA : Il ne faut pas toucher la plaque de cuisson, c'est très chaud.
FABIEN : Je sais. Il faut attendre combien de temps ?
SYLVIE : Dix ou quinze minutes. Le céleri doit être bien cuit. Pour le vérifier, Je vais en **repêcher** un morceau avec une cuillère, et tu vas planter une fourchette dedans, Alexia. S'il est bien ***mou***, alors ça signifie qu'il est bien cuit.
FABIEN : Moi aussi, je peux planter la fourchette dedans ?
SYLVIE : Oui, si tu veux. On va garder quelques cuillerées à soupe de jus de cuisson pour mixer le céleri. On va utiliser le mixeur.
FABIEN : Ça fait du bruit, je me bouche les oreilles.
SYLVIE : C'est fini. Tu peux écouter, maintenant. Tu peux aller chercher la crème dans le frigo ? On va ajouter de la crème à la purée de céleri. La purée doit être légère et onctueuse.
ALEXIA : Qu'est-ce que ça veut dire, 'onctueuse' ?
SYLVIE : Ça veut dire doux comme de la crème. Ensuite, on va ajouter de la noix muscade, du sel et du poivre.
ALEXIA : C'est ça qui va faire des boulettes magiques ?
SYLVIE : Pas encore. ***Il va nous falloir*** de la farine pour **épaissir** la pâte. On va utiliser de la farine de pois chiches et de la farine de blé.
Enfin, il nous faut un produit levant. C'est ce qui va faire gonfler la pâte ! On va utiliser du bicarbonate. Mais on peut utiliser aussi de la levure chimique. Tiens, Alexia. Tu mélanges bien.
FABIEN : Et moi, je peux mélanger aussi ?
SYLVIE : Oui, bien sûr. C'est ton tour. La pâte doit être souple, un peu plus épaisse qu'une pâte à **gaufres** ou à blinis.

repêcher : to fish out
mou, molle : soft
il va nous falloir : we will need
épaissir : to thicken
la gaufre : waffle

Deuxième partie
SYLVIE : Maintenant, attention les enfants ! Je chauffe de l'huile dans la friteuse. Je préfère que vous n'y touchiez pas.
Pour vérifier que l'huile est assez chaude, je jette une petite goutte de pâte dans l'huile.
S'il y a des **bulles**, alors **c'est que** l'huile est assez chaude.
FABIEN : Il y a plein de petites bulles.
ALEXIA : C'est quoi, cette odeur ?
SYLVIE : C'est l'odeur de l'huile chaude.
Je prends un peu de pâte avec une cuillère à café.
Je la laisse tomber dans l'huile de friture.
ALEXIA : La pâte gonfle !
FABIEN : Ça devient une boule toute ronde !
SYLVIE : Oui, et **pourtant** la portion de pâte était plate !
On laisse cuire les petites boules deux minutes. Quand elles sont dorées, on les retourne pour encore une minute, et on les égoutte à l'aide d'une passoire.
On les dépose dans une grande assiette, on les ***sale*** et on va rejoindre les adultes dans la salle à manger.

Troisième partie
ALEXIA : Tata Sylvie, les adultes ont mangé toutes les boulettes magiques !

la bulle : bubble
c'est que : it means that
pourtant : yet
saler : to salt

Muffins au fromage / Cheese muffins

Durée de préparation : 10 min.
Durée de cuisson : 20-30 min.
Thermostat : 180°C

Pour une dizaine de muffins

1 tasse de farine de blé
2 œufs ou 1/2 tasse de yaourt
1 tasse de **gruyère** râpé
1/2 tasse de lait
1/3 tasse d'huile
1/2 cuillerée à café de **bicarbonate** ou de **levure chimique**
Du sel fin et du **poivre du moulin**

gruyère râpé : grated Gruyère cheese
le bicarbonate : baking soda
la levure chimique : baking powder
le poivre du moulin : ground pepper

Nous allons réaliser cette recette avec Charles et Josette, qui habitent en Normandie, une région du nord-ouest de la France.

CHARLES : Ce n'est pas une recette française, ça ?
SYLVIE : Non, mais c'est trop bon !
JOSETTE : ***Ça a l'air*** très bon, cette recette.
CHARLES : Ça a l'air riche, aussi.
JOSETTE : Je ne devrais peut-être pas en manger. Ça contient beaucoup de calories ?
SYLVIE : Oui, mais on n'en fait pas tous les jours. Juste de temps en temps.
JOSETTE : C'est vrai.
CHARLES : Je vais mettre les infos à la télé pour voir la météo. Je vais ***aller à la pêche***.
PRÉSENTATEUR DE TÉLÉ : *...Des embouteillages sur les routes du Sud. Si vous partez en vacances, nos spécialistes vous conseillent d'éviter de rouler ce week-end.*
SYLVIE : **Donc**, pour faire les muffins, Charles, tu vas mélanger la farine, le fromage et le bicarbonate dans un grand saladier.
CHARLES : C'est parti !

ça a l'air : it seems to be
aller à la pêche : to go fishing
donc : so

SYLVIE : Toi, Josette, tu vas battre les œufs (ou le yaourt) dans un bol avec le lait et l'huile.
CHARLES : D'accord. Je vais les battre avec une fourchette.
PRÉSENTATEUR DE TÉLÉ : ...*Des nouvelles* ***grèves*** *sont annoncées dans les transports publics*...
CHARLES : Voilà. Encore des grèves ! Qu'est-ce qu'ils réclament encore ?
SYLVIE : Sûrement de meilleures conditions de travail.
PRÉSENTATEUR DE TÉLÉ : ...*plus de justice* ***fiscale***...
CHARLES : Tu trouves que c'est bien mélangé ?
SYLVIE : Parfait.
CHARLES : Le bicarbonate, c'est pour quoi faire ?
SYLVIE : Ça agit comme de la levure. Ça fait gonfler la pâte.
CHARLES : Qu'est-ce qu'on fait maintenant ?
SYLVIE : Maintenant, vous mélangez tout dans le grand saladier qui contient la farine.
JOSETTE : Je crois que j'ai une grande cuillère quelque part.
SYLVIE : Vous ajoutez du sel et du poivre. Moi, je préchauffe le four à 180 degrés.
PRÉSENTATEUR DE TÉLÉ : ... *Les* ***députés*** *négocient* ***l'assurance chômage***...
CHARLES : C'est bien mélangé, maintenant, je crois.
SYLVIE : Alors vous versez la préparation dans des moules à muffins.
Ne les **remplissez** pas jusqu'au bord. La pâte va gonfler et risquerait de **déborder**.
JOSETTE : Ah, oui ! Ce serait vraiment **embêtant**, si ça débordait ! Ça brûlerait dans le bas de l'appareil, ça fumerait...

la grève : strike
fiscal, e : tax ...
le député : MP (UK); congressman (US)
l'assurance chômage : unemployment insurance
remplir : to fill, top up
déborder : to brim over
embêtant,e : annoying

SYLVIE : Vous mettez les muffins au fromage dans le four, et on va les laisser dorer pendant environ 20 à 30 minutes.
JOSETTE : Ça commence à sentir bon !
SYLVIE : On va les laisser refroidir un peu avant de les démouler.
JOSETTE : On doit attendre qu'ils refroidissent ?
SYLVIE : Un peu.
CHARLES : Et on les mange comment ?
SYLVIE : On peut les manger à l'apéritif, ou bien comme entrée avec une salade verte.
PRÉSENTATEUR DE TÉLÉ : ... *Des averses sur* ***les côtes de la Manche***...
CHARLES : **Chut !** C'est la météo !

les côtes de la Manche : the Channel coasts
chut : shhh !

PRÉSENTATEUR DE TÉLÉ : *...Des **rafales** de vent jusqu'à 70 kilomètres/heure...*
JOSETTE : Tu ne vas pas pouvoir aller à la pêche...
CHARLES : Non. C'est dommage.
JOSETTE : Tu vas rester avec nous ? On va faire un gâteau !

la rafale : gust of wind

Bokits guadeloupéens / Guadeloupean Bokits or Johnny cakes

Durée de préparation : 20-30 min.
Durée de levage : 1 heure 30
Durée de cuisson : 15-20 min.

Pour 6 ou 7 gros bokits
500 g de farine
1 cuillerée à café de levure boulangère
1/2 cuillerée à café de bicarbonate ou de levure chimique
1 cuillerée à café de gros sel
225 ml d'eau ***tiède***
De l'huile de friture

tiède : tepid

Aujourd'hui, nous allons réaliser cette recette en compagnie de Mathilde, qui a 45 ans et qui vient de la région parisienne.

SYLVIE : Bonjour Mathilde. Connais-tu la Guadeloupe ?
MATHILDE : Non, je n'y suis jamais allée. Pourquoi cette question ?
SYLVIE : Parce qu'aujourd'hui, nous allons réaliser des bokits guadeloupéens. C'est un pain qui se cuit non pas dans un four mais dans de l'huile. Un pain frit, ***quoi***. Ce qui est sympa avec ce pain, c'est qu'il est vide à l'intérieur.
MATHILDE : ***Ah bon ?*** Qu'est-ce que je mange, si c'est vide à l'intérieur ?
SYLVIE : Pas d'inquiétude, Mathilde, tu pourras mettre dedans tout ce que tu aimes, pour faire un sandwich délicieux.
MATHILDE : ***Ah bon !*** C'est une bonne idée, ça.

1ère partie

SYLVIE : Comme d'habitude, je mets tous les ingrédients secs dans un grand saladier : la farine, la levure boulangère, le bicarbonate et le sel.

MATHILDE : Et si on utilise de la levure fraîche ?

SYLVIE : Dans ce cas, il faudra la dissoudre dans de l'eau tiède avant.

MATHILDE : D'accord. C'est bien ce que je me disais.

SYLVIE : Donc je mélange bien. Je fais un puits.

MATHILDE : C'est quoi, un puits ?

SYLVIE : C'est un **creux** qu'on fait dans la farine pour mettre l'eau dedans.

MATHILDE : C'est utile ?

SYLVIE : Ça permet de mélanger sans faire de **grumeaux**. Je verse donc l'eau progressivement, et je mélange. C'est plus facile avec les doigts. Je forme une boule avec la pâte. Elle doit être molle, mais pas trop collante. Je couvre le saladier avec un **torchon** humide et je laisse reposer pendant une heure et demie.

***quoi* (at the end of a sentence) :** all in all
ah bon ? Oh, really ?
ah bon ! *I see, well !*
le creux : hollow
le grumeau : lump
le torchon : tea towel

MATHILDE : Qu'est-ce qu'on va faire, pendant ce temps-là ?

SYLVIE : On peut préparer des bonnes choses pour mettre dans les sandwiches ?

MATHILDE : C'est une bonne idée. Pour ma part, j'adore les carottes râpées.

SYLVIE : Très bien. On va râper quelques carottes. Je les assaisonne avec une vinaigrette, de la moutarde et une échalote. J'ai aussi des champignons dans le frigo. Ça t'intéresse ?

MATHILDE : Ça m'intéresse.

SYLVIE : Parfait, alors je fais aussi revenir quelques champignons dans une poêle avec de l'huile. Tu peux regarder ce qu'il y a d'autre dans le frigo ?

MATHILDE : Du tofu, des œufs, du fromage, des tomates...

SYLVIE : Ça va bien nous occuper.

Deuxième partie

SYLVIE : Au bout d'une heure et demie, je vois que la pâte a bien levé. Tu vois ça, Mathilde ?

MATHILDE : Oui. On peut dire qu'elle a doublé de volume.

SYLVIE : Eh bien, maintenant, on va l'utiliser pour faire des petites galettes.

MATHILDE : On va en faire combien ?

SYLVIE : D'abord une seule. On va les faire frire une par une.

MATHILDE : Alors, **vas-y**. Montre-moi comment tu fais des galettes.

SYLVIE : Je mets un peu de farine sur le plan de travail. Je prends un petit morceau de pâte de la grosseur d'une balle de tennis. Je l'étale sur le plan de travail pour former une petite galette d'environ cinq ou six millimètres d'épaisseur.
MATHILDE : C'est épais comment, cinq millimètres ? Tu sais, je n'ai pas l'habitude...
SYLVIE : Pas de problème. C'est à peu près la ***longueur*** d'un grain de riz.
MATHILDE : D'accord. Et qu'est-ce que tu fais, maintenant, avec cette petite galette ?
SYLVIE : Je chauffe de l'huile de friture dans une friteuse ou une casserole. Personnellement, j'aime bien prendre une simple casserole, avec quelques centimètres d'huile. Pour vérifier si l'huile est assez chaude, je jette une petite boule de pâte dans la friteuse. S'il se forme plein de petites bulles, cela signifie que la température est idéale. Vas-y, Mathilde, mets la galette dans l'huile chaude. Attention ! Ça peut ***éclabousser***.
MATHILDE : C'est un peu impressionnant, ***dis donc***.
SYLVIE : Tu appuies légèrement dessus à l'aide d'une fourchette ou une cuillère. Tu la retournes au bout d'une minute. Pendant ce temps, je vais faire la deuxième galette.
MATHILDE : Bon, je la retourne.
SYLVIE : Tu appuies de nouveau légèrement dessus.
MATHILDE : Regarde, la galette gonfle ! Elle forme une boule.
SYLVIE : Tu attends encore une petite minute. Quand elle est bien dorée, tu la sors et tu l'égoutte avec une passoire.
MATHILDE : ***Trop géniale***, cette recette. On va utiliser toute la pâte comme ça ?
SYLVIE : Oui. Je forme les galettes, et toi, tu les fris ?
MATHILDE : D'accord.

vas-y : go ahead
la longueur : length
éclabousser : to splash
dis donc : hey ! Say !
trop génial,e : too awesome

Troisième partie

SYLVIE : On peut commencer à remplir les bokits avec les différents ingrédients, poisson pané, salade, etc.
MATHILDE : Tu fais comment ?
SYLVIE : Pour ça, j'attends que les bokits aient un peu refroidi, et je les ouvre sur un côté à l'aide d'un couteau. On va mettre plein de différentes choses à l'intérieur.
MATHILDE : C'est parti ! De la laitue, des carottes râpées, des concombres... Mais c'est un peu sec, non ?
SYLVIE : C'est vrai, je propose d'ajouter une sauce au yaourt (recette page 114).
MATHILDE : Super. Et maintenant que les bokits sont bien remplis, il n'y a plus qu'à manger ?
SYLVIE : **C'est ça**.
MATHILDE : Alors, bon appétit !

c'est ça : that's right

Soupes / Soups

Soupe gratinée de chou rouge / Cabbage soup

Durée de préparation : 15-20 min.
Durée de cuisson : 45 min.
Thermostat : 200°C

Pour 4 personnes

1 petit ***chou rouge***
6 ou 7 pommes de terre
1 gros oignon
1 grande tasse de bouillon de légumes
2 tasses d'eau
1 tasse de vin blanc
1 tasse de crème
1 tasse de parmesan râpé
Du gros sel
Du poivre
Du **thym**

le chou rouge : red cabbage
le thym : thyme

Je suis en compagnie de Martin et Joëlle pour préparer cette recette, un couple originaire du Sud de la France.

JOËLLE : En général, on ne mange pas assez de chou. Et pourtant, c'est très bon pour la santé.
MARTIN : En hiver, on mange de la soupe tous les soirs. Mais pas de soupe au chou.
JOËLLE : Depuis quatorze ans qu'on est mariés, ***tu te rends compte*** !
MARTIN : La soupe au chou, c'est un grand classique.
JOËLLE : Mais pas la soupe de chou rouge.
SYLVIE : Et ***en plus***, elle est cuite au four, c'est encore moins commun.
JOËLLE : Alors, comment on la fait, cette soupe ?
SYLVIE : Pour commencer, on va laver le chou, supprimer les feuilles ***abîmées*** et supprimer aussi la grosse ***tige*** centrale, qui est ***dure***.
MARTIN : Je vais couper le chou en deux, ce sera plus facile.
JOËLLE : Chacun sa moitié de chou. Une pour Martin, l'autre pour moi.

tu te rends compte : do you realize
en plus : in addition to that
abîmé,e : damaged
la tige : the stem
dur, dure : hard

SYLVIE : Alors maintenant, vous pouvez couper le chou en fines lamelles.
MARTIN : C'est simple, il suffit de faire des tranches fines.
JOËLLE : Et on obtient automatiquement des petites lamelles de feuilles.
SYLVIE : Pendant ce temps-là, je vais éplucher l'oignon et l'émincer.
MARTIN : On pourrait mettre un petit peu de musique, pour l'ambiance ?
SYLVIE : Bien sûr, j'ai quelques CD, là, regardez. Vous pouvez choisir.
JOËLLE : Tu pourrais aussi mettre la chaîne de musique sur Internet, Martin. Avec le Bluetooth, ça devrait marcher.
MARTIN : Ah oui, c'est vrai. On a notre propre playlist.
SYLVIE : C'est vraiment pratique.
JOËLLE : Et maintenant, qu'est-ce qu'on fait ?
SYLVIE : J'ai huilé un plat allant au four. Vous pouvez déposer le chou et l'oignon dans le plat ?
MARTIN : Tiens, mais regardez-moi ça ! Je n'ai même pas fini de couper mon chou.
JOËLLE : Tu étais trop occupé avec la musique.
SYLVIE : Je préchauffe le four à 200 degrés.
MARTIN : C'est fini, il n'y a que du chou dans la soupe ?
SYLVIE : Non, il faut aussi éplucher les pommes de terre et les couper en petits morceaux. Vous voulez un petit verre de vin blanc ?
MARTIN : C'est une bonne idée. J'aime bien ***siroter*** un petit verre de vin pendant que je fais la cuisine.

SYLVIE : Justement, je dois ouvrir une bouteille pour mettre un peu de vin dans la soupe.
MARTIN : Ce n'est pas trop gros, les morceaux de pomme de terre, comme ça ?
SYLVIE : Vous pouvez faire des petits cubes d'un centimètre.
MARTIN : Et maintenant ?
SYLVIE : Vous les ***répartissez*** sur le chou. Il faut bien ***tasser*** tous les légumes.
JOËLLE : Je mets du sel et du poivre ?
SYLVIE : Oui. Un peu de thym aussi. Ensuite, vous versez le bouillon, chaud de préférence, l'eau et le vin blanc.
JOËLLE : Le liquide ne couvre pas toutes les pommes de terre. C'est normal ?
SYLVIE : Oui, ce n'est pas grave. On va couvrir le plat d'une feuille d'aluminium, et les pommes de terre cuiront ***à l'étouffée***.
JOËLLE : ***J'en ai l'eau à la bouche.***
SYLVIE : Je mets le plat au four, et je laisse cuire pendant ***trois quarts d'heure***.
MARTIN : On n'a pas oublié la crème ?
SYLVIE : On va l'ajouter à la fin de la cuisson.
JOËLLE : Écoute, Martin. C'est ma chanson préférée.
MARTIN : Et si on dansait ***en attendant que*** la soupe soit prête ?

siroter : to sip
répartir : to distribute
tasser : to pack
cuire à l'étouffée : to steam
j'en ai l'eau à la bouche : I salivate at the prospect of it
trois quarts d'heure : three quarters of an hour
en attendant que : until

Plus tard...
JOËLLE : ***Tiens***, j'entends le ***minuteur*** sonner.
SYLVIE : C'est l'heure d'ajouter la crème. Je la mélange avec les légumes, je recouvre de parmesan râpé, et je remets la soupe au four pour encore cinq minutes.
JOËLLE : Alors je vais mettre la table.
MARTIN : Et moi, je vais encore danser sur cette chanson !

tiens : well; here; hey
le minuteur : the timer

Soupe de potiron / Pumpkin soup

Durée de préparation : 10-15 min.
Durée de cuisson : 20 min.

Pour 4 personnes
1 petit **potiron**
1 petit oignon
2 petites pommes de terre
1/2 cube de bouillon de légumes
1/2 litre d'eau
1 centimètre de **gingembre** frais
Du sel et du poivre
2 cuillerées à soupe de crème

le potiron : pumpkin
le gingembre : ginger

Nous allons faire une soupe de potiron avec Lucien et Valérie. Ou, ***plutôt***, seulement avec Valérie, puisque Lucien est ***en train de*** faire des achats sur internet, sur la table de la cuisine.

plutôt : rather
être en train de : to be doing

LUCIEN : D'habitude, on aime bien faire les achats de Noël en ville. On va faire le tour des magasins. Mais cette année, on n'a pas eu le temps, alors...
VALÉRIE : Lucien voudrait acheter des **trucs** sur internet. Alors, cette soupe de potiron ? On commence par quoi ?
SYLVIE : ***D'abord***, on épluche le potiron, et on le coupe en deux.
VALÉRIE : Il faut le peler, aussi ?
SYLVIE : Certaines variétés nécessitent qu'on **retire** la peau. Mais pas celui-là. Il a une peau très tendre quand il est cuit.
VALÉRIE : Qu'est-ce que c'est, comme variété ?
SYLVIE : C'est une **courge** butternut.

le truc : thing
d'abord : first of all
retirer : to remove
la courge : squash

VALÉRIE : On enlève les ***graines***, bien sûr.
SYLVIE : Oui, et on coupe la ***chair*** en morceaux.
VALÉRIE : Est-ce que tu gardes les graines ?
SYLVIE : Quelquefois, oui. Ça ***germe*** tellement facilement.
VALÉRIE : Oui, il suffit de les jeter dans le jardin, et ça ***pousse !***
LUCIEN : J'ai des articles dans mon panier, mais ils ne m'indiquent pas ***les frais d'envoi***.
SYLVIE : Tu as déjà validé ton ***panier ?*** Généralement, c'est nécessaire avant de passer au mode de ***livraison***.

la graine : seed
la chair : flesh
le germe : germ, sprout
pousser : to sprout
les frais d'envoi : shipping costs
le panier : basket
la livraison : delivery

VALÉRIE : Qu'est-ce qu'on fait avec l'oignon ?
SYLVIE : On va l'éplucher et le couper en petits morceaux.
LUCIEN : Ah, c'est ça, effectivement. Je devais valider mon panier d'abord. Maintenant, il me demande si je souhaite une livraison ***à domicile... Impeccable***.
SYLVIE : Ensuite, on va hacher le gingembre.
VALÉRIE : Tu as mis un potiron devant chez toi pour Halloween ?
SYLVIE : Pas cette année. Mais l'année dernière, j'en avais ***évidé*** un. Et je l'avais mis sur le ***rebord*** de la fenêtre, avec une bougie dedans.
VALÉRIE : On fait ça aussi, tous les ans. Les enfants viennent frapper à toutes les portes dans notre village. Et maintenant, des pommes de terre ?
SYLVIE : On va peler et couper les deux petites pommes de terre en morceaux.
J'ai déménagé. Et dans ce nouveau quartier, les enfants ne passent pas pour Halloween. C'est dommage.
LUCIEN : Il y a un problème avec la carte de crédit. ***On dirait qu'***elle n'est pas acceptée. ***Ça fait trois fois que*** j'essaye.
VALÉRIE : C'est peut-être parce qu'elle est neuve. Tu ne l'as peut-être pas validée à la banque ?
LUCIEN : Si, ***pourtant***.

à domicile : at home
impeccable : great, perfect !
évider : to hollow out
le rebord : edge
on dirait que : it seems that
ça fait trois fois que j'essaye : I've tried it three times
pourtant : however, though

SYLVIE : Maintenant, on va mettre tous les légumes dans une grande casserole.
VALÉRIE : Essaye avec mon ancienne carte. Je crois qu'elle est encore valide. Elle est dans mon sac. Je couvre d'eau les légumes ?

SYLVIE : Oui. Il faut bien les **tasser** et les couvrir ***à peine*** d'eau.
VALÉRIE : On va délayer le cube de bouillon dans un petit peu d'eau chaude.
LUCIEN : Tu as raison, ça marche avec la tienne.
SYLVIE : J'ajoute le bouillon à la soupe.
LUCIEN : Ils disent qu'ils m'ont envoyé un code par SMS. Mais je n'ai rien reçu...
VALÉRIE : Il est sûrement arrivé sur mon téléphone. Il est dans mon sac. Et maintenant, ça cuit combien de temps ?
SYLVIE : On laisse cuire à feu moyen pendant une vingtaine de minutes.
LUCIEN : Pourquoi est-ce que le SMS arrive sur ton téléphone à toi ?
VALÉRIE : Parce que c'est mon numéro qui est enregistré à la banque.
LUCIEN : Et pourquoi ça ?
VALÉRIE : C'est comme ça.
SYLVIE : C'est peut-être Valérie qui a effectué les **démarches** pour les services bancaires en ligne ?
VALÉRIE : Exactement ! Et voilà ! C'est toujours nous, les femmes, qui faisons les démarches administratives !

tasser : to press
à peine : barely
la démarche : step

Vingt minutes plus tard
VALÉRIE : J'ai l'impression que la soupe est cuite, maintenant.
SYLVIE : Oui, ***il ne nous reste plus qu'à*** la mixer.
VALÉRIE : Je mets un peu de crème dedans maintenant ?
SYLVIE : Chacun fait comme il veut. Tu peux mettre de la crème, si tu veux. On peut aussi la mettre dans les assiettes au dernier moment.
LUCIEN : C'était compliqué. **Franchement**, la prochaine fois, j'irai au magasin !

il ne nous reste plus qu'à : we only have to
franchement : honestly

Soupe de pommes de terre / Potato soup

Durée de préparation : 20 min.
Durée de cuisson :45 -60 min.
Thermostat : 7

Pour 3 ou 4 personnes

Une douzaine de petites pommes de terre
2 gros oignons blancs, doux ou jaunes
3 tasses de bouillon de légumes
1 tasse de vin blanc
2 tasses de fromage râpé

Aujourd'hui, nous sommes dans les Alpes, à Val Thorens, dans le chalet de Cédric, Romain et Emmanuelle.

ROMAIN : Après le ski, ***rien de tel qu'***une bonne soupe chaude.
SYLVIE : Vous restez combien de temps dans le ***chalet*** ?
EMMANUELLE : On y habite toute l'année. On est en colocation.
SYLVIE : Et vous êtes ***moniteurs*** de ski toute l'année ?
CÉDRIC : Seulement en hiver. En été, nous sommes guides de randonnée.
SYLVIE : Alors, vous vivez toujours en plein air ! Pour la soupe, c'est vraiment très simple. On va d'abord huiler un grand plat allant au four.
ROMAIN : Des plats, ***j'en ai plein***. En voilà un vieux, en **grès**, qui me vient de ma grand-mère.
SYLVIE : C'est parfait.
EMMANUELLE : Tu veux que j'épluche les oignons ?
CÉDRIC : Mets tes lunettes de ski, ***sinon*** tu vas **pleurer**, Emmanuelle !
ROMAIN : Ah ! Ah ! Ça **pique** vraiment les yeux, les oignons.
SYLVIE : Oui, tu peux couper les oignons en fines lamelles.

rien de tel que : nothing like
le chalet : cottage
le moniteur, la monitrice : instructor
j'en ai plein : I have plenty of them
le grès : sandstone
sinon : otherwise
pleurer : to weep
piquer : to sting

CÉDRIC : Et ne **coince** pas ton couteau **quelque part** !
EMMANUELLE : Ça va, Cédric ! ! Cédric me **charrie** tout le temps. Il y a deux ans, j'ai coincé mon **bâton** sous un de mes skis. Et j'ai **dévalé** la pente **sous le regard ahuri** de mes **élèves. La honte** !
SYLVIE : **Aïe**. Ça a dû faire mal.

coincer : to stick, get caught
quelque-part : somewhere
charrier : to tease
le bâton : stick
dévaler la pente : hurtle down the slope
sous le regard ahuri : under the stunned gaze
un élève : a student
la honte : what a disgrace !
aïe : ouch

ROMAIN : Je peux peler les pommes de terre, si tu veux, Sylvie.
CÉDRIC : Je vais t'aider, car il y en a beaucoup.
SYLVIE : Je vais préchauffer le four, thermostat 7.
EMMANUELLE : Cédric, c'était il y a deux ans. **Change de disque !** Tu fais souvent de belles **bêtises** aussi, toi.
CÉDRIC : C'est vrai, ça. Une fois, je suis arrivé avec une heure de retard à un cours. J'avais oublié le passage à l'heure d'été. C'était plutôt **gênant !**
SYLVIE : **En tant que** moniteur de ski, vous devez avoir de bien belles **anecdotes** à raconter.
ROMAIN : Ah oui, c'est sûr. Il n'y a pas longtemps, une de mes clientes est venue pour sa leçon de ski, sans skis ni chaussures de ski. Elle avait complètement oublié qu'il fallait des skis pour faire du ski !
SYLVIE : **Ça alors !** Ah ! Ah ! Tiens, vous pouvez couper les pommes de terre en morceaux, maintenant.

change de disque ! Change the record !
la bêtise : something foolish
gênant, e : annoying
en tant que : as
une anecdote : anecdote
ça alors ! : Oh, my gosh !

CÉDRIC : Une fois, un de mes élèves avaient mis ses chaussures de ski **à l'envers**.
SYLVIE : Il avait interverti la chaussure gauche et la chaussure droite ? Ce n'est pas possible !
CÉDRIC : Si !
SYLVIE : Tu peux mettre les oignons et les pommes de terre dans le plat ?
On va verser le bouillon et le vin blanc sur les légumes.
ROMAIN : Les pommes de terre ne sont pas totalement couvertes.
SYLVIE : C'est normal.
EMMANUELLE : On voit parfois aussi des gens faire du ski **en caleçon** après l'apéro.
SYLVIE : Ça doit être très drôle, en effet.

EMMANUELLE : Ils n'ont pas l'impression qu'il fait froid avec le soleil.
CÉDRIC : Ils sont surtout **pompettes**.
ROMAIN : La soupe doit cuire combien de temps ?
SYLVIE : On va laisser le plat dans le four pendant 45 à 60 minutes.

Plus tard...
SYLVIE : Je vérifie que les pommes de terre sont cuites avec un couteau.
ROMAIN : ***J'ai une faim de loup***.
SYLVIE : Quand les pommes de terre sont cuites, je recouvre de fromage râpé.
CÉDRIC : Ça va être bon !
SYLVIE : Et je remets au four pour un petit quart d'heure pour faire dorer le fromage.
EMMANUELLE : C'était vraiment très facile, cette recette !

à l'envers : *the wrong way around*
en caleçon : in underpants
pompette : tipsy
j'ai une faim de loup : I'm hungry as a wolf

Soupe de pois cassés / Split pea soup

Durée de préparation : 10-15 min.
Trempage : 4 heures
Durée de cuisson : 40 min.

Pour 5 ou 6 personnes

2 tasses de pois cassés
3 carottes
1 **navet**
1 oignon
De l'eau
2 cuillerées à soupe à soupe de bouillon en poudre
Du poivre

Je suis en vacances chez Amandine, dans son appartement lyonnais. J'ai visité la belle ville de Lyon tout l'après-midi. Et maintenant, nous allons faire une bonne soupe de pois cassés.

AMANDINE : Jean-Michel ne devrait pas **tarder à** rentrer.
SYLVIE : Il est encore au travail ?
AMANDINE : Souvent, le vendredi soir, il doit travailler plus tard.
SYLVIE : Et toi, tu n'as pas les mêmes horaires que lui ?
AMANDINE : Je rentre un peu plus tôt. **Du coup**, j'ai un peu le temps de faire la cuisine. Alors, on fait une soupe de pois cassés, toutes les deux ?
SYLVIE : Oui, tu vois. J'ai laissé **tremper** les pois cassés dans l'eau depuis ce matin.
AMANDINE : C'est nécessaire de les faire tremper ? Je n'ai pas du tout l'habitude de cuisiner des pois cassés.
SYLVIE : J'en fais de temps en temps, surtout en hiver, car c'est délicieux. Il faut les laisser tremper pendant au moins quatre heures. Et il faut mettre beaucoup d'eau parce que les pois en absorbent beaucoup.

le navet : turnip
tarder à : to be late doing
du coup : as a result
tremper : to soak

AMANDINE : Au fait, tu as apprécié ta promenade ?
SYLVIE : Oui, j'ai visité le Parc de la tête d'or.
AMANDINE : Ah, c'est vraiment magnifique. Alors, **qu'est-ce que tu veux que je fasse** ?
SYLVIE : Tu peux éplucher et émincer l'oignon. Pendant ce temps, je vais éplucher le navet et les carottes.
AMANDINE : Très bien. Tiens, j'entends la porte. C'est Jean-Michel qui rentre. Salut chéri. Qu'est-ce qui se passe ? **Tu en fais, une tête !**
JEAN-MICHEL : C'est encore Pascal qui m'a énervé au travail.
AMANDINE : **Ah, bon** ? Attends, j'ai fini avec l'oignon. Qu'est-ce que je fais avec ?
SYLVIE : On va le faire revenir légèrement dans une casserole avec un peu d'huile.
AMANDINE : Il a encore **fait des siennes**, ce Pascal ?
JEAN-MICHEL : Ah ! **Je te jure !**

qu'est-ce que tu veux que je fasse ? What do you want me to do ?
tu en fais, une tête ! you look glum !
Ah, bon ? : really ?
faire des siennes : to act up
je te jure ! I swear to God !

AMANDINE : Tu veux que je t'aide, avec les carottes et les navets ?
SYLVIE : Oui. Tu peux couper les navets en petits cubes. Et moi, je vais couper les carottes en rondelles.
AMANDINE : D'accord.
SYLVIE : Qu'est-ce que tu fais comme travail déjà, Jean-Michel ?
JEAN-MICHEL : Je suis graphiste dans une agence publicitaire.
AMANDINE : J'ai fini avec les navets.
SYLVIE : Et moi, j'ai fini avec les carottes. Alors, on va mettre les légumes dans la casserole, avec l'oignon.
JEAN-MICHEL : Ah ! Ce Pascal. Il m'a encore ridiculisé auprès du directeur.
SYLVIE : Tu as un collègue ***casse-pied***, Jean-Michel ?
Maintenant, on ajoute les pois cassés et le bouillon en poudre. Et on couvre d'eau.
AMANDINE : Tu mets beaucoup d'eau ?
SYLVIE : Juste pour couvrir tous les légumes d'un centimètre.
JEAN-MICHEL : Pour être casse-pied, il est casse-pied. Il passe toujours discrètement derrière moi pour regarder ce que je fais à l'ordinateur. Il me ***vole*** toutes mes bonnes idées !
SYLVIE : Ce n'est vraiment pas correct ***de sa part***.
JEAN-MICHEL : Non, ce n'est pas correct. Je voudrais avoir mon propre bureau !
AMANDINE : Tu prends peut-être la chose trop au sérieux, chéri. Tu es stressé, en ce moment.
SYLVIE : J'ajoute un peu de sel et du poivre, et je porte la soupe à ébullition.
JEAN-MICHEL : Mais pas du tout ! Je ne suis pas du tout stressé.
AMANDINE : Pourquoi tu te ***fâches ?*** Je ne disais pas ça ***méchamment***.
JEAN-MICHEL : Tu dis que c'est ***ma faute*** si j'ai des problèmes au travail ? Pourtant, c'est tout le contraire !
SYLVIE : Maintenant je baisse le feu, et je laisse mijoter tout doucement.
AMANDINE : Regarde, j'ai bien raison. Tu ***prends mal*** tout ce qu'on te dit

casse-pied : annoying
voler : to steal
de sa part : from him/her
se fâcher : to get angry
méchamment : meanly
ma faute : my fault
prendre mal : take it the wrong way

JEAN-MICHEL : Alors, je réagis mal tout le temps, c'est bien ça ? Je suis un idiot !
SYLVIE : Bon, je vais vous laisser. La soupe doit mijoter pendant environ quarante minutes. Les pois cassés doivent être bien tendres. Je mets le minuteur à sonner. À plus tard !
AMANDINE : Mais non. Je n'ai jamais dit ça, voyons. Je dis juste que tu as peut-être besoin de vacances.
JEAN-MICHEL : Donc, d'après toi, je devrais laisser faire ce voleur de Pascal ?

AMANDINE : Mais non. Je disais ça pour ton bien.
JEAN-MICHEL : Tu ferais mieux de ne rien dire, des fois.
AMANDINE : Quand on est stressé, on voit tout en noir.
JEAN-MICHEL : Tu es sûre que tu veux m'aider ? Parce que je n'en ai pas l'impression.
AMANDINE : Bon, je ne dis plus rien.
JEAN-MICHEL : Oui, c'est mieux comme ça.

Plus tard…
JEAN-MICHEL : Tiens, j'ai reçu un SMS !
AMANDINE : C'est qui ?
JEAN-MICHEL : Le directeur.
AMANDINE : Et alors ? Qu'est-ce qu'il dit ?
JEAN-MICHEL : Il veut nous inviter à dîner pour fêter ma nouvelle innovation publicitaire.
AMANDINE : Oh !
JEAN-MICHEL : Chérie, tu avais raison, je suis un idiot.
AMANDINE : Je n'ai jamais dit que tu étais un idiot !
JEAN-MICHEL : Le directeur apprécie mon travail ! Il le trouve même formidable !
AMANDINE : ***Je m'en doutais, pardi*** !
JEAN-MICHEL : C'est moi qui voyais tout en noir !
AMANDINE : Bon, alors tout va bien.
JEAN-MICHEL : Désolé, chérie.
AMANDINE : On oublie tout.
JEAN-MICHEL : Je suis vraiment très content.
AMANDINE : On va ouvrir une bouteille de ***crémant***, ce soir.
JEAN-MICHEL : Oui. On va ***se régaler*** avec la soupe de pois cassés. Au fait, où est Sylvie ?

je m'en doutais : I suspected that
pardi : of course
le crémant : sparkling wine
se régaler : to enjoy a meal

Soupe de blettes / Swiss chard soup

Durée de préparation : 15 min.
Durée de cuisson : 20 min.

Pour 4 personnes

10 à 12 grandes **feuilles** de **blette**
1 litre d'eau
3 pommes de terre
2 cubes de bouillon
Du poivre

la feuille : leaf
la blette : Swiss chard

Nous sommes chez Élodie, dans son appartement, dans l'agglomération de Lille, dans le nord de la France.

SYLVIE : Tu as un très beau ***tablier***, dis donc.
ÉLODIE : C'est un tablier vintage. J'en fais collection.
SYLVIE : Ah, oui ? Ce n'est pas commun, ce genre de collection.
ÉLODIE : Regarde, **celui-là**. Il a des motifs des années 1970.
SYLVIE : Très **chouette**.
ÉLODIE : Je l'ai acheté dans une brocante. Tiens, mets-le pour protéger tes vêtements. Est-ce que tu veux que je t'aide, pour la soupe ?

le tablier : the apron
celui-là : this one
chouette : nice, fun

SYLVIE : Si tu veux, tu peux séparer les parties vertes des tiges.
ÉLODIE : On n'utilise pas les blettes entières ?
SYLVIE : Non. Les parties vertes serviront à faire la soupe. Les tiges blanches, les cotes de blette, pourront servir pour un autre plat. Pourquoi pas une poêlée de gnocchis ? (recette page 58)
ÉLODIE : Tiens, on sonne à la porte. C'est sûrement le facteur.

LE FACTEUR : Veuillez signer ici, s'il vous plaît, Madame.
ÉLODIE : Je vais ouvrir le paquet tout de suite, parce que je pense que c'est mon nouveau tablier. Regarde !
SYLVIE : Il est très beau. J'adore les **rayures** rouges et vertes.
ÉLODIE : Je l'ai commandé sur EBay, celui-là. Bon, alors, qu'est-ce qu'on fait, maintenant avec les feuilles de blettes ?
SYLVIE : Maintenant, on les met dans une grande casserole.
ÉLODIE : Est-ce que je dois peler les pommes de terre ?
SYLVIE : Oui. Je vais t'aider. Ensuite, on les coupera en deux.
ÉLODIE : Tiens, on sonne encore à la porte. C'est la voisine.
LA VOISINE : Bonjour, excuse-moi. Je voulais te demander si tu avais du sucre. J'ai commencé à faire un gâteau pour les enfants, et je m'aperçois que je n'ai plus de sucre.
ÉLODIE : Pas de problème. Entre. Nous, on est en train de faire une soupe de blettes.
LA VOISINE : Oh ! J'adore les blettes. ***Vous en êtes où ?***
SYLVIE : On coupe les pommes de terre en morceaux, et on les ajoute dans la casserole, avec les feuilles de blettes.
LA VOISINE : Les pommes de terre épaississent la soupe.
SYLVIE : C'est ça. J'ajoute deux cubes de bouillon...
LA VOISINE : Il est très ***mignon***, ton tablier.
ÉLODIE : Regarde, j'en ai commandé un autre sur EBay. Le facteur vient de me l'apporter.

la rayure : the stripe
vous en êtes où ? : how are you doing ?
mignon, mignonne : cute

SYLVIE : ...du poivre...
LA VOISINE : C'est pas vrai ! Je l'avais mis dans ma liste de souhaits, celui-là ! Et c'est toi qui l'as acheté ?
SYLVIE : ...et je couvre d'eau. Vous collectionnez aussi les tabliers, Madame ?
LA VOISINE : Oui. J'ai encore mon tout premier tablier, qui date de quand j'avais quatre ans !
ÉLODIE : Trop mignon. On peut ajouter aussi un petit verre de vin blanc ?
SYLVIE : Tout à fait. Ça donne un petit goût parfumé supplémentaire.
ÉLODIE : Et maintenant, la soupe doit cuire combien de temps ?
SYLVIE : On va la laisser cuire environ quinze ou vingt minutes à feu doux. Les pommes de terre doivent être bien cuites.
LA VOISINE : C'est une bonne idée. J'achèterai aussi des blettes, la prochaine fois que j'irai au marché.
SYLVIE : Et quand c'est cuit, on mixe.
LA VOISINE : On va obtenir une soupe bien veloutée.

ÉLODIE : Tu veux manger la soupe avec nous ?
LA VOISINE : Oh, non, merci. J'ai déjà mis un gratin au four et... Oh ! Et je n'ai pas fini mon gâteau.
ÉLODIE : Ah oui. C'est vrai. ***Tiens***, voilà du sucre. Je n'en ai plus beaucoup non plus. Ça te suffira ?
LA VOISINE : Super. Merci. Bon appétit et ***à plus*** !

tiens : here
à plus : see you later

Soupe à l'oignon / Onion soup

Durée de préparation : 15-20 min.
Durée de cuisson : 1 heure 30
Thermostat : 180°C

<u>Pour 6 personnes</u>
6 gros oignons
Une dizaine de tranches de pain grillé
2 tasses de fromage râpé
1 verre de vin blanc
2 cubes de bouillon de légumes
Du poivre
De la ***noix muscade***
Quelques graines de fenouil

Aujourd'hui, nous sommes chez Déborah et Maxence. Ils ont installé une nouvelle cuisine, entièrement neuve. C'est donc un plaisir de préparer cette soupe à l'oignon chez eux.

MAXENCE : C'est un plat traditionnel, finalement.
DÉBORAH : La soupe à l'oignon ? C'est idéal pour les soirées d'hiver, quand il fait froid.
SYLVIE : Et ça ne coûte pas cher.
DÉBORAH : Et c'est délicieux.
SYLVIE : Elle est magnifique, votre nouvelle cuisine. Ce ***plan de travail*** est superbe.
MAXENCE : Ça fait seulement une semaine qu'on l'a.
SYLVIE : On va d'abord commencer par préchauffer le four à 180 degrés.
MAXENCE : Je vais me faire un plaisir d'allumer tout de suite notre nouveau four !
SYLVIE : Et maintenant, on va éplucher les oignons et les couper en lanières.
DÉBORAH : Le truc, pour éviter que ça **pique** les yeux, c'est d'éloigner son visage et d'éviter de mettre le nez juste au-dessus des oignons.
SYLVIE : On dispose les oignons dans un grand plat à gratin. Ça peut être un plat très large, mais avec des bords assez hauts.
DÉBORAH : J'ai ce plat en pyrex.
MAXENCE : Tu ne fais pas revenir les oignons dans une poêle d'abord, comme dans la recette traditionnelle ?
SYLVIE : On peut, bien sûr. Mais je trouve que ce n'est pas nécessaire.
DÉBORAH : J'ai quand même les yeux qui **pleurent**. Ils sont très forts, ces oignons.
MAXENCE : Moi aussi, j'ai les yeux qui pleurent.
SYLVIE : Moi aussi. Je délaye le cube de bouillon dans un peu d'eau bouillante.

la noix muscade : nutmeg
le plan de travail : the kitchen worktop
piquer : to sting
pleurer : to water (eye)

MAXENCE : C'est bizarre, mais j'ai l'impression que le four ne chauffe pas.
DÉBORAH : C'est vrai, il ne chauffe pas du tout.
MAXENCE : Pourtant, il est allumé.
DÉBORAH : La lampe est allumée aussi. Mais, regarde, il y a un message d'erreur.
MAXENCE : Je vais le débrancher et le rebrancher.
DÉBORAH : Il ne marche toujours pas.
MAXENCE : Qu'est-ce qu'on fait ? Est-ce qu'on peut cuire la soupe dans une casserole ?
SYLVIE : On pourrait, oui. Mais après, il faut **quand même** faire gratiner la soupe au four.
DÉBORAH : J'ai une idée. Nous allons aller chez mes parents. Ils habitent à cinq minutes d'ici en voiture.

Plus tard...
DÉBORAH : Salut papa. Salut maman. Est-ce qu'on peut utiliser votre four ? Le nôtre ne marche pas, aujourd'hui.

PAPA : Quoi ? Votre four tout neuf ?
DÉBORAH : Oui ! Et on vient juste de commencer une soupe à l'oignon...
MAMAN : Il faut appeler le service client. Il est encore sous garantie.
DÉBORAH : Oui, je l'appellerai cet après-midi. Il n'y a rien dans ton four ? Je vais le préchauffer à 180 degrés.
SYLVIE : Est-ce que vous avez un peu de vin blanc ?
PAPA : Oui, je crois qu'il y a une bouteille **entamée** dans le frigo.
SYLVIE : Je verse un verre de vin blanc sur les oignons.
DÉBORAH : Je verse aussi le bouillon.
SYLVIE : Est-ce que vous avez du sel et du poivre ?
MAMAN : Bien sûr. ***Tenez***.
SYLVIE : Il me faudrait aussi de la noix muscade et des graines de fenouil, si possible.
MAMAN : J'en ai aussi. Nous avons toutes sortes d'épices.
SYLVIE : Merci. J'ajoute du poivre, des graines de fenouil et de la muscade.
MAXENCE : Je crois qu'on va ***y arriver***.

quand même : still
entamé : started on
tenez : there you are
***y arriver* :** to manage it

SYLVIE : Je couvre d'eau.
DÉBORAH : On approche de la fin.
SYLVIE : Je fais cuire la soupe au four à 180 degrés pendant une heure et demie.
MAXENCE : Ouf ! Maintenant, on peut se détendre.
DÉBORAH : Oui, ça m'a stressée, cette histoire.
PAPA : Allez, on va prendre l'apéritif. Ça va vous déstresser.
DÉBORAH : ***Tchin-tchin*** !

tchin-tchin : cheers
Plus tard...
SYLVIE : Après une heure et demie, je sors le plat du four.
Attention, c'est chaud !
DÉBORAH : Je répartis les tranches de pain grillé sur le dessus.
MAXENCE : J'ai toujours trouvé amusant qu'on mette les tartines directement dans la soupe !
SYLVIE : Je recouvre de fromage râpé.
MAXENCE : Et c'est là que le four tombe en panne. Non, je plaisante !
SYLVIE : Je remets au four pendant dix ou quinze minutes pour faire gratiner le fromage légèrement.
DÉBORAH : Et maintenant, on va manger la soupe tous ensemble !
PAPA : Bon appétit !

Salades / Salads

Salade toute crue / raw salad

Durée de préparation : 10-15 min.

Pour 4 personnes

1 concombre

1 chou-rave

1 petit oignon

Quelques feuilles de basilic ou autres herbes aromatiques

1 cuillerée à soupe de tamari

1 cuillerée à soupe d'huile d'olive

1 cuillerée à soupe de **jus de citron**

Du sel et du poivre

Quelques **tomates cerise**

le jus de citron : lemon juice
la tomate cerise : cherry tomato

Sophie, professeur de philosophie, et Éric, professeur de sport, sont avec moi pour réaliser cette délicieuse salade.

SYLVIE : Bonjour Sophie. Bonjour Éric. Je vous propose aujourd'hui une petite salade croquante et pleine de saveurs.
ÉRIC : Une salade de légumes crus, c'est une véritable **cure** de minceur et de désintoxication !
SOPHIE : C'est idéal si on a mangé trop de muffins à l'apéritif. Mais comment résister à un muffin bien moelleux ? Quel dilemme !
SYLVIE : Cette salade va donc accompagner idéalement ***n'importe quel*** plat. Mais vous vous demandez peut-être pourquoi hacher les légumes ?
SOPHIE : Hacher ou ne pas hacher, c'est la question !
SYLVIE : On pourrait les râper ou les couper **grossièrement**.

la cure : the treatment, therapy
n'importe quel/quelle : any one of them
grossièrement : coarsely

ÉRIC : Ou ne pas les couper du tout. J'adore croquer dans une carotte entière.
SOPHIE : Personnellement, râper les légumes me fait toujours mal au **poignet**. Alors je comprends pourquoi tu préfères les hacher, Sylvie.
SYLVIE : Je trouve la texture des tout petits morceaux de légumes très agréable. Et on peut mélanger tout ce qu'on veut.
SOPHIE : On peut même en faire manger à des enfants qui n'aiment pas les légumes ?
SYLVIE : Peut-être.
ÉRIC : Qu'est-ce que tu utilises comme légumes, Sylvie ?
SYLVIE : Les ingrédients sont variables. Vous êtes libres de remplacer chaque légume par un autre de votre choix.
SOPHIE : **Oser**, c'est être libre.
SYLVIE : C'est une très belle ***citation***. Elle me plaît. Elle est de qui ?
SOPHIE : Je ne sais plus, désolée.
ÉRIC : Elle est sûrement de vous, mais vous êtes trop modeste pour le dire.
SOPHIE : Ah ! Ah !
SYLVIE : Je vous propose de réaliser cette recette avec un concombre, un **chou-*rave*** et un oignon. Mais on peut remplacer le concombre par une carotte. Le chou-rave par un chou rouge, etc.

le poignet : *the wrist*
oser : to dare
la citation : the quotation
le chou-rave : kohlrabi

1ère partie : laver, peler et couper tous les légumes
SYLVIE : Pour cette recette, j'utilise un petit hachoir manuel, mais vous pouvez utiliser aussi un hachoir électrique.
ÉRIC : Le hachoir manuel est un peu plus sportif que le hachoir électrique.
SYLVIE : Est-ce que vous pouvez éplucher le chou-rave, Sophie ?
SOPHIE : Bien sûr. Quand on peut, on veut.
ÉRIC : Ce n'est pas l'inverse, d'habitude ?
SOPHIE : **Quand on veut, on peut** ?
ÉRIC : Oui.
SOPHIE : C'est possible. Pour moi, c'est juste dans ce sens.
SYLVIE : Et vous, Éric, pouvez-vous **vous occuper de** l'oignon ? Il faudra les couper en petits morceaux.
ÉRIC : Naturellement.
SOPHIE : Je peux m'occuper du concombre aussi, si vous voulez, Sylvie.
SYLVIE : C'est gentil, mais il n'est pas nécessaire de peler le concombre. Je vais juste le couper en petits cubes.

quand on veut, on peut : *where there's a will there's a way*
s'occuper de : to see to, deal with, look after

Deuxième partie : hacher les légumes et les herbes aromatiques
SYLVIE : Enfin, je vais hacher finement le concombre, le chou-rave et l'oignon avec le basilic.
SOPHIE : Je veux voir ça !
ÉRIC : Il est marrant, ce hachoir manuel. Il suffit de tirer sur la ficelle, et la lame tourne à toute vitesse !
SOPHIE : C'est haché très finement, maintenant. Et tous les légumes sont mélangés.
SYLVIE : Hop ! Je mets le tout dans un saladier, j'assaisonne avec le tamari...
ÉRIC : Attention, le tamari c'est très salé.
SOPHIE : Oui, il n'en faut pas beaucoup.
SYLVIE : ...l'huile d'olive, le jus de citron, le sel et le poivre.
SOPHIE : La bonne cuisine est la base du bonheur !
ÉRIC : Encore une belle citation !
SYLVIE : Je décore avec quelques petites tomates cerise. Et voilà !
SOPHIE : C'est un poème de petite salade !
ÉRIC : Et sûrement pleine de vitamines. Bon appétit !

Salade de pois chiches / chickpea salad

<u>Pour 2 à 4 personnes</u>
2 tasses de **pois chiches** cuits
2 cuillerées à soupe de concentré de tomate
1 cuillerée à café de curry en poudre
1/2 cuillerée à café de graines de cumin
1 cuillerée à café de **moutarde** forte
2 cuillerées à soupe d'huile d'olive
1 cuillerée à soupe de jus de citron
Quelques feuilles de **coriandre** fraîche
Du sel et du poivre, de préférence du gros sel gris
Un mélange de cinq poivres du ***moulin***

Durée de trempage : 12 heures (pour les pois chiches secs)
Durée de cuisson : 1 heure 30 (pour les pois chiches secs)
Durée de préparation : 5 min.
Durée de repos : 30 min.

Voici Vanessa, une amie qui habite à Paris, dans le onzième ***arrondissement***. Nous sommes dans son appartement, au cinquième étage. J'ai de la chance, Vanessa m'a invitée à passer quelques jours chez elle. Nous faisons la cuisine nous-même.

le pois chiche : chickpea
la moutarde : mustard
la coriandre : coriander, cilantro
le moulin : mill
un arrondissement : a district

VANESSA : ***Dis donc***, Sylvie, la dernière fois que j'étais chez toi, j'ai adoré ta salade de pois chiches.
SYLVIE : Oui. Elle est très pratique pour faire une entrée originale ou un apéritif.
VANESSA : Je suis une ***gourmande***, moi. Tu peux me montrer comment tu la fais ?
SYLVIE : Elle est ultra-simple à faire, tu vas voir. Tu peux utiliser une boîte de pois chiches cuits ou faire cuire des pois chiches secs. J'aime bien utiliser les pois chiches secs.
VANESSA : Comment tu prépares les pois chiches secs ?

SYLVIE : D'abord, je les laisse tremper toute la nuit dans une grande quantité d'eau. Tu vois ce saladier ? Les pois chiches ont absorbé presque toute l'eau et ont gonflé toute la nuit. Il faut vraiment mettre beaucoup d'eau.
VANESSA : On peut aussi les cuire sans les faire tremper ?
SYLVIE : C'est mieux de les faire tremper. Ainsi, ils deviennent plus tendres, et la cuisson dure moins longtemps.
Après le trempage, je les égoutte et je les mets à cuire dans une grande casserole, dans deux fois leur volume d'eau.
VANESSA : Tu n'utilises pas l'eau de trempage ?
SYLVIE : Non, ***il vaut mieux*** changer l'eau.
VANESSA : Ça cuit combien de temps ?
SYLVIE : Quand l'eau commence à bouillir, je compte une heure à une heure et demie de cuisson à feu très doux.
VANESSA : C'est **drôlement** long à cuire.
SYLVIE : Oui, en général, les légumes secs sont longs à cuire. Quand les pois chiches sont cuits, je les égoutte, et je les laisse refroidir.
VANESSA : Et maintenant, la recette !
SYLVIE : Alors, j'ai cuit mes pois chiches ce matin. Je les mets dans un saladier.
VANESSA : Je les ai goûté aussi. Ils sont bien tendres.
SYLVIE : J'ajoute le concentré de tomate, le curry...
VANESSA : Ça sent bon, dis donc !
SYLVIE : ... Les graines de cumin... Et je mélange bien le tout.
VANESSA : Maintenant, les pois chiches sont bien **enrobés** de concentré de tomate et d'épices.

dis donc : Say, hey !
gourmand : gourmet
il vaut mieux : *it is better to*
drôlement : very
enrobé : coated

SYLVIE : J'assaisonne avec de la moutarde, du jus de citron, du sel, du poivre et de l'huile d'olive, et je mélange une nouvelle fois.
Je décore avec des feuilles de coriandre fraîche.
VANESSA : Le mariage de la coriandre et du cumin est vraiment sympa.
SYLVIE : Et maintenant, on va se promener ? La salade de pois chiches sera encore meilleure après une demi-heure de repos au frais.
VANESSA : On va où ?
SYLVIE : Tu as une idée ?
VANESSA : On va faire le tour des épiciers du quartier. Et on va acheter tout ce qu'il faut pour faire un pad thaï !

Salade de riz et graines germées / Rice salad with sprouts

Durée de germination : 3 jours
Durée de préparation : 15-20 min.
Durée de cuisson : 5 min.

Pour 4 personnes
3 tasses de riz cuit (une tasse de riz cru)
1 tasse de **graines germées** de **fenugrec** et haricots mungo

Pour la vinaigrette
1 cuillerée à café de ***moutarde***
3 cuillerées à soupe d'huile d'olive
1 cuillerée à soupe de ***jus de citron***

Pour les cubes croustillants
2 tasses de tofu soyeux
1/2 tasse de ***chapelure***
1/2 tasse de farine de ***pois chiches***
De l'huile de friture
Du sel et du poivre

la graine germée : sprouted seed
le fenugrec : the fenugreek
la moutarde : mustard
le jus de citron : lemon juice
la chapelure : breadcrumbs
le pois chiche : chickpea

Pour cette recette, il faut des graines germées de trois jours. Pour cela, rien de plus facile. Vous mettez une demi-tasse de graines mélangées dans un bocal propre. Attention, cette technique ne fonctionne pas avec les graines **mucilagineuses (cresson, roquette, lin...).** Vous couvrez les graines d'eau. Vous les laissez reposer toute la nuit dans l'eau. Le lendemain matin, vous les égouttez avec une passoire, vous les rincez et vous les laissez à la lumière. Ne couvrez pas le bocal : les graines doivent rester bien aérées. Pendant trois jours, vous rincez les graines avec de l'eau fraîche, et vous les égouttez matin et soir. Les graines sont prêtes à être consommées quand elles ont une petite tige d'un centimètre environ.

mucilagineux : mucilaginous (containing plant gum)
le cresson : watercress
la roquette : rocket, arugula
le lin : flaxseed

Nous allons réaliser cette recette avec Christian, qui est comptable, Isabelle qui est journaliste et Jean-Louis, qui est **vigneron**.

JEAN-LOUIS : Je vous ai apporté quelques bouteilles pour boire pendant le repas.
SYLVIE : Oh ! ***Il ne fallait pas***. C'est beaucoup trop.
JEAN-LOUIS : Ça me fait plaisir. J'ai apporté trois bouteilles de rouge, trois bouteilles de blanc et trois bouteilles de rosé.
ISABELLE : Après un seul verre de vin, je suis pompette, alors...
CHRISTIAN : Et qu'est-ce que nous allons manger ?
SYLVIE : Une salade de riz, avec des graines germées et des croquettes de tofu soyeux.
JEAN-LOUIS : Les salades de riz, ***ça me connaît***. On en mange beaucoup en été.

le vigneron : wine-grower
il ne fallait pas : it was not necessary
ça me connaît : I'm familiar with it

SYLVIE : Pour cette recette, il est préférable de cuire le riz à l'avance. Mais sinon, vous pouvez le cuire pendant une dizaine de minutes environ, l'égoutter et le laisser refroidir.
ISABELLE : Excusez-moi, mon téléphone sonne. C'est le travail. Je dois répondre.
SYLVIE : Pas de problème.
CHRISTIAN : C'est un plat froid, c'est ça ?
SYLVIE : Oui. Je prépare d'abord la vinaigrette dans un saladier.
CHRISTIAN : Vous la faites avec du citron ? Pas de vinaigre ?
SYLVIE : Oui. Je mélange de la moutarde et du jus de citron avec une fourchette, et j'ajoute de l'huile, du sel et du poivre.
CHRISTIAN : Vous ne mesurez pas les ingrédients ?
SYLVIE : J'ai l'habitude. S'il manque de la vinaigrette à la fin, on peut toujours en rajouter. Vous voulez mélanger, Jean-Louis ?
JEAN-LOUIS : Avec plaisir. J'avais oublié ! Je vous ai apporté aussi du vinaigre de vin.
SYLVIE : C'est vraiment très gentil. Je l'utiliserai pour mes futures salades, car j'ai déjà mis du citron dans celle-ci.
JEAN-LOUIS : Je mélange bien la vinaigrette, comme ça ?
SYLVIE : C'est parfait.
ISABELLE AU TÉLÉPHONE : Oui... oui... Mais je préparerai l'article demain. Je te ***signale*** qu'on est dimanche.
SYLVIE : Vous pouvez mélanger le riz froid et la vinaigrette, maintenant, Jean-Louis.
CHRISTIAN : Est-ce que je peux faire quelque chose, Sylvie ?

SYLVIE : Bien sûr ! Vous rincez délicatement les graines germées. Ensuite, on va les mélanger avec le riz.
JEAN-LOUIS : Elles sont ***marrantes***, vos graines. C'est sûrement plein de vitamines !
CHRISTIAN : Oui. Et elles ont l'air craquantes.
SYLVIE : Vous mettez du sel et du poivre. Et maintenant, on va préparer des cubes croustillants. Ils seront croustillants à l'extérieur et ***mous*** à l'intérieur !

je te signale que : I would like to point out that
marrant,e : funny
mou, molle : soft

ISABELLE AU TÉLÉPHONE : Bon, d'accord. Je vais essayer de terminer l'article pour ce soir. Je suis occupée, là.
CHRISTIAN : On peut remplacer le tofu par de la feta, je suppose ?
SYLVIE : Vous pouvez remplacer le tofu par de la feta, mais je trouve que le tofu soyeux est mieux adapté à cette recette. La feta aurait un goût un peu trop fort pour les graines germées, qui ont un goût délicat.
CHRISTIAN : J'aime bien essayer des choses nouvelles, alors...
SYLVIE : Il faut couper le tofu soyeux en cubes. Mais il faut faire très attention car il est très fragile, et il casse facilement.
JEAN-LOUIS : Je n'avais encore jamais vu ***une chose pareille***. C'est blanc et plus mou que de la mozzarella. C'est typiquement parisien ?
SYLVIE : Non, mais c'est très à la mode.
CHRISTIAN : C'est tendre et ferme à la fois. ***On dirait*** du mascarpone.
SYLVIE : On va mélanger la chapelure et la farine de pois chiches dans un saladier.
CHRISTIAN : Et je suppose qu'on va rouler les cubes de tofu dedans ?
SYLVIE : Exactement ! On va ***paner*** les cubes de tofu sur tous les côtés.
ISABELLE : Allez, ***je te laisse***. À demain. ***Ouf !*** Désolée ! Qu'est-ce que vous êtes en train de faire ?
CHRISTIAN : Nous sommes en train de paner des cubes de tofu soyeux.

une chose pareille : such a thing
on dirait : it looks like
paner : to coat with breadcrumbs
je te laisse : I'll leave you to it, I have to go
ouf : poof

JEAN-LOUIS : Il faut les paner sur tous les côtés.
SYLVIE : Maintenant, je vais faire chauffer de l'huile dans une petite casserole. Mais bien sûr, vous pouvez aussi utiliser une friteuse. Quatre ou cinq centimètres d'huile suffisent.
CHRISTIAN : Il faut que l'huile soit très chaude ?
SYLVIE : Elle est suffisamment chaude quand on voit des petits tourbillons se former.

ISABELLE : Ou alors, on peut y jeter un petit morceau de pain pour voir s'il se forme des bulles.
SYLVIE : Très bonne idée.
JEAN-LOUIS : Ça ***a l'air*** délicieux, ces petits cubes.
SYLVIE : On fait frire les cubes de tofu pendant quelques minutes. La chapelure doit être bien dorée.
ISABELLE : Est-ce que je peux vous aider ?
SYLVIE : Vous pouvez servir des portions de salade de riz sur des assiettes, Isabelle.
ISABELLE : Des portions normales ?
SYLVIE : Oui. Et moi, j'utilise une ***écumoire*** pour égoutter le tofu frit.
CHRISTIAN : Tenez, voilà un plat vide avec un ***sopalin*** pour absorber l'huile.
SYLVIE : Merci. Je dispose maintenant des cubes de tofu encore chauds sur chaque assiette pour décorer la salade de riz. Et maintenant, à table !
ISABELLE : Encore mon téléphone qui sonne ! Ah, non ! Cette fois, je ne réponds pas.
CHRISTIAN : Qu'est-ce que vous nous conseillez comme vin pour accompagner ce plat, Jean-Louis ?
JEAN-LOUIS : Je dirais qu'un petit vin blanc ou un rosé bien frais sera parfait.

avoir l'air : to look
une écumoire : a skimmer
le sopalin : the kitchen towel

Riz, semoule, pâtes / Rice, semolina, pasta

Taboulé / Tabbuleh (libanese dish)

Durée de préparation : 15-20 min.
Durée de cuisson : 3 min.
Durée de repos : 1-2 heures

Pour 4 personnes

1 tasse de ***semoule*** de couscous (blé)
1 tasse d'eau
4 belles tomates
2 oignons ou 4 ***échalotes***
1/2 concombre
Le ***jus*** d'un citron
3 cuillerées à soupe d'huile d'olive
4 cuillerées à soupe de ***persil*** haché
2 cuillerées à soupe de ***menthe*** fraîche hachée
2 cuillerées à soupe de ***raisins secs***
Du sel et du poivre

la semoule : semolina
une échalote : shallot
le jus : juice
le persil : parsley
la menthe : mint
le raisin sec : dried grapes

Je fais du camping avec Angèle et Lætitia. Nous sommes allées au marché ce matin, et nous avons rapporté des ingrédients pour faire un taboulé. C'est un plat idéal pour l'été, emblématique du bassin méditerranéen.

ANGÈLE : Je mange du taboulé depuis que je suis toute petite. J'adore ça.
SYLVIE : Moi aussi.
LÆTITIA : Moi aussi.
SYLVIE : Il faut le préparer au moins une ou deux heures à l'avance.

ANGÈLE : Il est dix heures. Donc c'est parfait. On pourra le manger à midi.
SYLVIE : On va **d'abord** mettre la semoule de couscous dans un bol.
LÆTITIA : Qui a fait la vaisselle, hier soir ?
ANGÈLE : C'est toi ?
LÆTITIA : Ah, oui. C'est vrai, c'est moi. J'ai oublié de laver les bols.
ANGÈLE : Et si on mettait la semoule directement dans le saladier ?
SYLVIE : D'accord. Mais il faut un saladier qui supporte la chaleur, et un deuxième saladier pour mettre provisoirement les légumes.
LÆTITIA : Il n'y a plus de saladier. Mais il y a cette autre casserole.
SYLVIE : **Ça fera l'affaire**. Ensuite, on fait bouillir une tasse d'eau dans une petite casserole avec un peu de sel et une cuillerée d'huile d'olive.
LÆTITIA : J'adore faire la cuisine en camping.
ANGÈLE : Moi aussi. Avec le petit **réchaud** à gaz, c'est super.
LÆTITIA : Oui, et quand quelque chose tombe dans l'herbe, il n'y a rien à nettoyer.
ANGÈLE : Eh, oui. Pas besoin de **passer la serpillière** !

d'abord : first of all
ça fera l'affaire : it'll do the trick
le réchaud : stove
passer la serpillière : to mop up

SYLVIE : C'est ça, les vacances ! Quand l'eau bout, on la verse directement sur la semoule.
LÆTITIA : Je mets un couvercle ou une assiette pour couvrir.
ANGÈLE : Maintenant, on va attendre cinq minutes que la semoule de couscous **gonfle** dans l'eau chaude.
SYLVIE : Exactement. **En attendant**, tu peux éplucher les échalotes et les émincer ?
LÆTITIA : Moi, je vais couper les tomates en petits cubes.
SYLVIE : Et moi, je vais peler le concombre et le couper en petits cubes aussi.
ANGÈLE : Ils avaient plein de tomates différentes au marché. C'était difficile de choisir entre les différentes variétés.
LÆTITIA : Des grosses, des petites. Des jaunes, des rouges, des violettes et des vertes.
ANGÈLE : Il y en avait même des toutes **biscornues**.

gonfler : swell
en attendant : in the meantime
biscornu : crooked

LÆTITIA : La semoule est prête, je crois.
SYLVIE : Oui, il ne faut pas la laisser trop longtemps attendre. Sinon elle devient **collante**.

LÆTITIA : On va **décoller** les grains avec une cuillère ou une fourchette.

collant : sticky
décoller : to loosen

SYLVIE : J'arrose le couscous de jus de citron et d'huile d'olive.
ANGÈLE : On va maintenant ***attendre que*** la semoule soit refroidie.
SYLVIE : Je mélange le couscous avec tous les légumes, dans un grand saladier.
LÆTITIA : J'ajoute le persil et la menthe.
ANGÈLE : Je mets les raisins secs, le sel et le poivre.
LÆTITIA : Et voilà. C'est terminé.
SYLVIE : Nous allons laisser le taboulé reposer une heure dans un endroit frais.
LÆTITIA : C'est vraiment nécessaire d'attendre ?
SYLVIE : C'est beaucoup mieux. La semoule va absorber les saveurs des différents ingrédients. C'est bien meilleur quand on attend.
ANGÈLE : La semoule va absorber le jus des tomates et du concombre.
LÆTITIA : Les raisins secs aussi.
ANGÈLE : On va ***avoir du mal à*** trouver un endroit frais, ***par contre***. On n'a pas de frigo dans la tente.
SYLVIE : ***Et si*** on mettait le taboulé dans ***la glacière*** avec des ***glaçons ?***
LÆTITIA : Très bonne idée. Je vais demander des glaçons à la boutique du camping.
ANGÈLE : Et qu'est-ce qu'on va faire jusqu'à midi ?
LÆTITIA : Et si on allait se baigner ?

on va attendre que la semoule soit refroidie : we will wait for the semolina to cool down
avoir du mal à : to struggle
par contre : on the other hand
la glacière : the cooler
le glaçon : the ice cube
et si : what if

Taboulé rouge / Red Tabbuleh

Durée de préparation : 10-15 min.
Durée de cuisson : 2 heures 30
(pour des **betteraves** crues)
Durée de repos : 1-2 heures

Pour 4 personnes

1 tasse de **boulgour**
2 tasses d'eau
Une demi-cuillerée à café de sel
1 **betterave** rouge cuite
2 oignons
Une demi-tasse de feuilles de
menthe fraîche
3 cuillerées à soupe d'huile
Le ***jus d'un citron***

la betterave : beetroot
le boulgour : bulghur
la menthe : mint
le jus d'un citron : the juice of one lemon

Nous allons faire cette recette avec Daniel et Corinne, qui n'ont pas du tout l'habitude de faire la cuisine.

DANIEL : ***Je n'y connais rien*** du tout en cuisine.
CORINNE : Moi non plus, je suis nule en cuisine.
DANIEL : Je **rate** systématiquement tout ce que je touche.
CORINNE : Je sais cuire uniquement des pâtes.
DANIEL : Tu n'as pas peur de faire cette recette avec nous, Sylvie ?
CORINNE : Elle sera sûrement **ratée**.
SYLVIE : Pourtant, je suis sûre que vous réussirez facilement ce taboulé rouge.
DANIEL : Tu veux ***parier ?***

je n'y connais rien : I don't know anything about it
rater : to fail, to spoil
parier : to bet

SYLVIE : Alors, dans ce cas, je parie une bouteille de champagne que vous ne réussirez pas cette recette.
DANIEL : Quoi ? Mais je pensais que tu voulais qu'on réussisse !
SYLVIE : Oui, mais ce serait trop facile. Vous n'auriez pas besoin de faire des efforts.
DANIEL : Okay. Alors, on te parie une bouteille de champagne qu'on réussira la recette.
SYLVIE : ***Allons-y*** ! Mais je sais d'avance que j'ai perdu une bouteille de champagne !
CORINNE : Pour commencer, je ne connais pas la différence entre le taboulé rouge et le taboulé normal...
SYLVIE : Dans le taboulé normal, il n'y a pas de betterave, mais des tomates, des échalotes, du ***persil*** et, parfois, des ***raisins secs***. ***En plus***, dans la recette du taboulé rouge, on remplace la semoule par du boulgour.

allons-y : let's do it !
le persil : parsley
le raisin sec : dried grapes
en plus : in addition to that

CORINNE : Et les betteraves, tu les achètes cuites ou crues ?
SYLVIE : Ça dépend. Quand je les achète crues, je les cuis à l'avance, dans de l'eau ou à la vapeur.
CORINNE : Déjà ***à ce stade***, je risque de tout faire rater.
DANIEL : Oui, avec moi, les betteraves seront à moitié crues, ou bien réduites en **bouillie**.
CORINNE : Et elles n'auront plus aucun goût.
SYLVIE : C'est facile. Il suffit de les laver et de les cuire dans de l'eau. Vous n'avez pas besoin de les peler, ni de les couper. Pour ça, vous faites bouillir une grande quantité d'eau légèrement salée. Vous plongez les betteraves non pelées et encore **entières** dedans. Vous les laissez cuire jusqu'à ce qu'elles soient tendres. Ça peut durer jusqu'à deux heures ou deux heures et demie. Ça ne dure que trente minutes avec un autocuiseur.
DANIEL : C'est vrai. ***Ça a l'air facile***.
CORINNE : Une fois, j'ai oublié une casserole d'eau sur le feu. L'eau ***s'est évaporée*** et la casserole est devenue toute noire.

à ce stade : at this stage
bouilli : boiled
entier, entière : whole
ça a l'air facile : sounds easy
s'évaporer : to boil off, evaporate

SYLVIE : Tu peux utiliser un minuteur, pour ne pas oublier. Après la cuisson, vous laissez refroidir un peu les betteraves, et vous les pelez.

CORINNE : Quand même, je crois que je les achèterai cuites, la prochaine fois.
DANIEL : C'est vrai, ils en vendent **sous vide** au rayon légumes.
CORINNE : C'est drôlement pratique.
DANIEL : Tu **soupires**, Sylvie ?
SYLVIE : Non, non. Vous faites ce que vous voulez.

sous vide : under vacuum
soupirer : to sigh

CORINNE : Et le boulgour, tu le cuis comment ?
SYLVIE : Tu fais bouillir deux tasses d'eau dans une casserole avec un peu de sel. Regardez, on va le faire ensemble. Jusque-là, **vous me suivez ?**
CORINNE : Ça va.
SYLVIE : Quand l'eau bout, tu verses une tasse de boulgour dedans et tu le laisses **gonfler** pendant environ vingt minutes hors du feu.
CORINNE : Hors du feu ?
SYLVIE : Oui. Le boulgour lui-même n'a pas besoin de bouillir.
DANIEL : C'est vrai que c'est plutôt facile.

vous me suivez ? Are you with me ?
gonfler : to swell

SYLVIE : Ensuite, tu épluches et tu coupes très finement les oignons. Tu peux le faire, Daniel ?
DANIEL : Je vais essayer.
SYLVIE : Et toi, Corinne, est-ce que tu peux **ciseler** les feuilles de menthe ?
CORINNE : Avec un couteau ou des ciseaux ?
SYLVIE : Comme tu veux. C'est très simple avec des ciseaux. Sinon, avec le couteau sur une planche, ça marche aussi.

ciseler : to chisel

DANIEL : Comment je fais, avec les oignons ?
SYLVIE : Tu les coupes en deux. Ensuite, tu fais des lamelles. Et après, tu les coupes de nouveau dans le sens de la largeur pour faire des tout petits cubes.
DANIEL : Comme ça ?
SYLVIE : Oui, c'est bien. Attends, Corinne. Tu n'es pas obligée de ciseler les feuilles de menthe une par une. Tu peux en ciseler plusieurs en même temps.
CORINNE : Oh ! C'est la technique des professionnels, ça.
SYLVIE : Maintenant, tu peux couper la betterave en petits morceaux.
CORINNE : Et je fais comment ?

SYLVIE : D'abord, tu fais des tranches fines.
CORINNE : Comme ça ?
SYLVIE : Oui. Et après, tu les superposes et tu fais des ***bâtonnets***.
CORINNE : Okay. Ça se complique !
SYLVIE : ***Mais non, voyons***. Ensuite, tu coupes les bâtonnets dans l'autre sens pour faire des petits cubes.
CORINNE : Voilà !
SYLVIE : Maintenant, vous mettez tous les légumes dans un saladier.
DANIEL : Ça roule.
SYLVIE : Vous mélangez avec le boulgour.
DANIEL : On devrait ***y arriver***.

le bâtonnet : the stick
mais non, voyons : of course not !
y arriver : to manage it

SYLVIE : Vous ajoutez du jus de citron.
CORINNE : Pas de problème.
SYLVIE : Vous ajoutez de l'huile.
DANIEL : Trois cuillerées.
CORINNE : Une... deux... trois.
SYLVIE : Vous salez et vous poivrez.
DANIEL : C'est là que ça devient délicat.
CORINNE : On risque de trop saler.
DANIEL : Si tu mets trop de sel, toute la recette est ***fichue***.
CORINNE : J'en mets juste deux pincées, alors.
DANIEL : Celui qui veut en rajouter en rajoutera.
SYLVIE : Et maintenant, on va laisser la salade reposer au moins une heure au frais.
DANIEL : Et on la ***dégustera*** avec un peu de champagne !
SYLVIE : Vous croyez ?

fichu : blasted
déguster : enjoy (food)

Galette de maïs aux légumes / Corn semolina with vegetables

Durée de préparation : 15 min.
Durée de cuisson : 15 min.

Pour 4 personnes

3 **poivrons**
1 oignon
1 grosse tomate
3 tasses d'eau
1 tasse de ***semoule*** de ***maïs***
Du fromage de parmesan

le poivron : sweet pepper
la semoule : semolina
le maïs : corn

Nous allons réaliser cette recette avec Yves. Sa femme, Hélène, a un peu de retard. C'est un plat très simple, avec une touche provençale. Il peut aussi servir d'accompagnement.

SYLVIE : Vous avez l'habitude de faire la cuisine, Yves ?
YVES : Oui. Je cuisine beaucoup. Surtout le soir. Mais je n'ai pas l'habitude d'utiliser de la semoule.
SYLVIE : C'est très pratique quand on n'a pas beaucoup de temps.
YVES : **Justement**. Je n'ai pas beaucoup de temps pour manger ce midi. Je dois **récupérer** ma voiture au garage à treize heures avant de retourner au travail.
SYLVIE : Alors, **ça tombe bien**.

justement : precisely, as it happens
récupérer : to get back
ça tombe bien : that's perfect timing

YVES : C'est de la semoule à couscous ?

SYLVIE : Non, c'est une semoule différente. C'est de la semoule de maïs. Elle devient compacte quand elle est cuite, comme la polenta.
YVES : Par quoi on commence ?
SYLVIE : On coupe les poivrons en petits morceaux.
YVES : Ma femme **ne va pas tarder à arriver**. Mais elle a perdu ses lunettes. Alors, maintenant elle cherche **partout**, au bureau, dans la maison, dans sa voiture...
SYLVIE : C'est **embêtant**, ça.

tarder à : *she should be here soon*
partout : all over the place
embêtant : annoying

YVES : Et elle ne peut pas conduire sans lunettes !
SYLVIE : Comment elle va faire ?
YVES : Je ne sais pas. Il faut qu'elle les retrouve. Maintenant, on s'occupe des oignons ?
SYLVIE : Oui, maintenant, nous allons émincer les oignons.
YVES : Et ensuite ?
SYLVIE : Ensuite, on les fait revenir avec les poivrons dans une grande poêle ou une sauteuse avec un peu d'huile, à feu moyen, pendant quelques minutes.
YVES : ***Tiens***, on frappe à la porte.
HÉLÈNE : Bonjour, désolée pour le retard.
SYLVIE : André m'a dit que vous aviez perdu vos lunettes. Vous les avez retrouvées ?
HÉLÈNE : Oui. Heureusement. Elles étaient dans un ***tiroir*** de mon bureau.
SYLVIE : Bon. ***Tant mieux***.

tiens : Hey, well
le tiroir : the drawer
tant mieux : so much the better

HÉLÈNE : Mais j'ai mis une heure pour les retrouver. Vous avez beaucoup avancé ?
YVES : On a fait revenir les poivrons et les oignons. Ça fait cinq minutes. Maintenant, on va couper la tomate en petits morceaux.
HÉLÈNE : Je peux le faire, si vous voulez.
SYLVIE : Et on mélange la tomate avec les autres légumes. On laisse cuire pendant quelques minutes.
HÉLÈNE : J'ai dit à ma fille, Capucine, qu'elle pouvait venir aussi. Ça ne vous dérange pas ?
SYLVIE : Bien sûr que non. Je ne savais pas que vous aviez une fille.
HÉLÈNE : Elle est née d'un premier mariage. Elle a déjà 22 ans.
SYLVIE : Elle habite ***dans le coin*** ?
HÉLÈNE : Non, elle étudie à Rennes. Mais elle va arriver pour les vacances.

SYLVIE : Maintenant, on ajoute trois tasses d'eau.
HÉLÈNE : ***J'aurais pu*** aller la chercher à la gare. Mais elle a déjà commandé un chauffeur privé.
SYLVIE : Sympa. On ajoute la semoule et on mélange. On peut ***remuer*** légèrement la poêle pour bien répartir tous les ingrédients.
YVES : Ça ***ressemble à*** une omelette sans œufs.
HÉLÈNE : Ça va cuire combien de temps ?
SYLVIE : On laisse cuire pendant environ six minutes.
YVES : Tiens, on sonne encore à la porte.

dans le coin : nearby
j'aurais pu : I could have
remuer : to move, wiggle
ressembler à : look like

HÉLÈNE : C'est sûrement Capucine.
CAPUCINE : Bonjour. Moi c'est Capucine.
SYLVIE : ***Enchantée***. Moi c'est Sylvie. Entre. ***Fais comme chez toi***.
CAPUCINE : J'ai dit à Noémie, une copine, qu'elle pouvait ***passer***. Ça ne vous dérange pas ?
SYLVIE : Pas du tout ! S'il n'y a pas assez de polenta, on mangera de la baguette.
CAPUCINE : Je ne l'ai pas vue depuis longtemps. Elle a dit qu'elle apporterait un dessert.
SYLVIE : C'est très gentil.
CAPUCINE : Mon téléphone sonne, c'est sûrement Noémie. Je vais lui expliquer le chemin.
YVES : Je crois que la polenta est cuite.
SYLVIE : Oui. Je la ***saupoudre*** de fromage de parmesan. Et à table !
HÉLÈNE : Mmm... Ça va être bon.
CAPUCINE : Salut Noémie. Tu es où ? ... Alors, c'est la prochaine à droite. Oui... Au deuxième étage. Mais tu peux sonner à l'entrée.
SYLVIE : On sonne !
HÉLÈNE : Salut Noémie. Tu arrives ***pile poil*** pour manger.
NOÉMIE : Bonjour. J'ai dit à Christophe, un copain, qu'il pouvait venir aussi. Ça ne vous dérange pas ?

enchantée : nice to meet you
fais comme chez toi : make yourself at home
passer : pop by, come by
saupoudrer : sprinkle
pile poil : right on time

Poêlée de gnocchis / Gnocchi stir fry

Durée de préparation : 15-20 min.
Durée de cuisson : 20-25 min.

Pour 2 personnes

150 grammes de gnocchis
6 gros champignons
1 petite **botte** de ***tiges*** de ***blette***
1 **courgette** ronde
5 cuillerées à soupe de crème
1 morceau de 2 centimètres de
curcuma frais

la botte : the bundle
la tige : the stem
la blette : Swiss chard
la courgette : zucchini
le curcuma : turmeric

Nous sommes de nouveau chez Élodie, dans son appartement de l'agglomération de Lille, dans le nord de la France. La voisine est là aussi, parce qu'elle voudrait savoir comment nous allons utiliser les **côtes** de blettes.

SYLVIE : Cette recette va nous permettre d'utiliser les **côtes** de blettes qui nous ***restaient*** quand on a fait la soupe de blettes hier (voir recette page 33). Mais on peut les remplacer par un autre légume, des tiges de céleri par exemple.
LA VOISINE : Excellent !
ÉLODIE : Vous voulez boire quelque chose, les filles, en cuisinant ? J'ai du ***jus*** de pomme, de la **citronnade** au **gingembre**, du ***thé glacé***...

la côte : chard stalk, beet stalk
rester (à) : to be left
le jus : juice
la citronnade : lemonade
le gingembre : ginger
le thé glacé : iced tea

LA VOISINE : Un jus de pomme pour moi, merci.
SYLVIE : Pourquoi pas un thé glacé ? Merci.
LA VOISINE : Par quoi on commence ?

SYLVIE : On lave les champignons. On **retire** le pied, qui est sale.
ÉLODIE : Je les lave. Et après ça ?
SYLVIE : Tu les coupes en tranches.
LA VOISINE : Vous savez qu'on peut **cueillir** beaucoup de champignons **dans le coin** ?
SYLVIE : ***Ah, oui ?***
LA VOISINE : Je participe à un groupe de randonnée pour la cueillette des champignons. On trouve des **chanterelles**, des **trompettes de la mort**, des **pieds-de-mouton**...

retirer : remove
cueillir : pick
dans le coin : nearby
Ah, oui ? : Oh, yeah ?
la chanterelle : chanterelle mushroom
la trompette de la mort : black trumpet mushroom
le pied-de-mouton : sweet tooth mushroom

SYLVIE : Vraiment ? Je n'ai jamais mangé de pieds-de-mouton.
LA VOISINE : C'est très bon !
ÉLODIE : **Ceux-là**, on les a achetés au marché ! C'est plus simple. Et maintenant, Sylvie, qu'est-ce que je fais avec les champignons ?
SYLVIE : On les fait revenir avec les gnocchis dans une poêle avec un peu de margarine.
LA VOISINE : Je peux chauffer la poêle, si vous voulez.
SYLVIE : Merci. Vous faites dorer le tout légèrement.
ÉLODIE : Comme ça ? Pendant deux ou trois minutes ?
SYLVIE : C'est ça. Ensuite on couvre avec un couvercle, et on réduit le feu pour laisser les gnocchis gonfler un peu.
ÉLODIE : Combien de temps ?
SYLVIE : Sept ou huit minutes.
LA VOISINE : Parfois, on peut **confondre** un champignon avec un autre.
SYLVIE : Ce n'est pas dangereux ?

ceux-là : these ones
confondre : be mistaken

LA VOISINE : Si, bien sûr. Dans le doute, je ne les cueille pas. Mais il y a des gens qui vont demander à la pharmacie si leurs champignons sont comestibles.
ÉLODIE : C'est mieux que rien. Mais je suis comme toi : je ne prendrais pas de risques pour quelques champignons.
SYLVIE : Je sale un peu.
LA VOISINE : Qu'est-ce que vous mettez d'autre, dans vos gnocchis ?
SYLVIE : Une courgette. D'ailleurs, je vais la laver et la couper en petits morceaux.

ÉLODIE : Si tu veux, **je m'occupe de** la blette ?
SYLVIE : Oui. Tu peux couper les tiges de blettes en petits **tronçons ?**
ÉLODIE : Voilà qui est fait.
SYLVIE : Dans une sauteuse, je mets un peu d'huile et j'ajoute la courgette et la blette.
ÉLODIE : Tu ne mets pas tout dans la même poêle ?
SYLVIE : Je pourrais. Dans ce cas, il faudrait mettre provisoirement les champignons et les gnocchis dans un autre ***récipient***.
Je fais chauffer quelques instants la courgette et la blette avec du curcuma.

s'occuper de : to deal with, see to
le tronçon : the section
le récipient : the container

LA VOISINE : Je peux remuer avec la spatule, si vous voulez.
SYLVIE : Avec plaisir. Maintenant, on couvre, et on attend que ça cuise pendant dix minutes.
ÉLODIE : Je règle la chaleur au minimum ?
SYLVIE : C'est ça. Et maintenant, je mélange tous les ingrédients dans la sauteuse. J'ajoute de la crème. Je mets du sel et du poivre. Et je laisse cuire encore une petite minute.
LA VOISINE : Vous allez ***vous régaler***, les filles.
ÉLODIE : Quoi ? Je pensais que tu allais manger avec nous !
LA VOISINE : Bon, alors, juste **un petit bout**.
ÉLODIE : Mais bien sûr, voyons !
LA VOISINE : J'avais **prévu** de me faire un sandwich ce midi. Mais **ça a l'air tellement bon** !
SYLVIE : Alors, à table !

se régaler : enjoy a meal
un petit bout : a little bit
prévoir : to envisage
ça a l'air tellement bon : it looks so good

Pad thaï

Durée de préparation : 25 min.
Durée de cuisson : 20 min.

Pour 4 personnes

1 oignon de printemps
2 poivrons verts ou rouges
2 courgettes
1 cuillerée à soupe de curry
1 cuillerée à café de zeste de citron
1 cuillerée à café de garam masala
1 cuillerée à soupe de **curcuma**
1 cuillerée à café de graines de **coriandre concassées**
1 cuillerée à soupe de **raisins secs**
2 cuillerées à soupe de **cacahuètes** concassées
1 cuillerée à café de **gingembre** en poudre ou frais
5 tomates séchées coupées en petits morceaux
200 grammes de tagliatelles de riz
3 gousses d'ail crues ou cuites
4 cuillerées à soupe de tamari
1 œuf
De la **ciboulette** fraîche ou du **basilic**
Du sel et du poivre

le curcuma : turmeric
la coriandre : the coriander, cilantro
concassé : crushed
le raisin sec : dried grapes
la cacahuète : the peanut
le gingembre : ginger
la ciboulette : chives
le basilic : basil

Nous allons réaliser cette recette avec Agnès, qui est coiffeuse, Robert qui est **caissier**, et Marie-José qui est retraitée.

le caissier, la caissière : the cashier, the cashier

ROBERT : Quel vent ! Vous avez vu ça ?
MARIE-JOSÉ : Oui, on a des rafales à 80 kilomètres/heure.

AGNÈS : C'est un temps **à ne pas mettre un chat dehors**.
SYLVIE : C'est un temps à rester à la maison pour **mijoter** de bons petits plats.

à ne pas mettre un chat dehors : you wouldn't send a cat out in a weather like that
mijoter : to cook up

MARIE-JOSÉ : Qu'est-ce qu'on va cuisiner, aujourd'hui ?
SYLVIE : Un pad thaï. On peut mettre beaucoup d'ingrédients différents, dans cette recette. Par exemple, on peut remplacer la courgette par des germes de soja. On peut aussi y mettre des fruits de mer.
MARIE-JOSÉ : Mais nous, on va la faire avec ce qu'on a dans le frigo !
SYLVIE : Eh oui !
AGNÈS : Elle est très bien, ta nouvelle coiffure, Sylvie.
SYLVIE : Merci, c'est gentil.
AGNÈS : C'est une bonne idée, cette **frange**. Elle te va bien.
SYLVIE : Tu trouves ?
AGNÈS : Qui est-ce qui te l'a faite ?
SYLVIE : Je l'ai coupée moi-même.
MARIE-JOSÉ : C'est risqué, non ?
SYLVIE : Un peu, oui.
MARIE-JOSÉ : **Remarque**, je me coupe les cheveux moi-même aussi. Je le fais depuis des années. J'ai l'habitude. Désolée, Agnès. Nous ne sommes pas de bonnes clientes pour les coiffeurs.

la frange : fringe, bangs
remarque : note

SYLVIE : Regardez, Robert a déjà coupé les courgettes et les poivrons !
ROBERT : J'ai l'habitude. Il faut toujours faire vite à la caisse. Et puis moi, je n'ai pas de cheveux, alors...
AGNÈS : Mais ça te va bien !
ROBERT : Est-ce que je dois les couper plus petits ?
SYLVIE : Oui, tu peux les couper en petits morceaux.
ROBERT : Même chose avec l'oignon ?
SYLVIE : Oui, tu peux le couper en petits morceaux aussi.
MARIE-JOSÉ : C'est cette grande sauteuse qu'on va utiliser pour faire le pad thaï ?
SYLVIE : Exactement. On va faire revenir l'oignon, les deux poivrons et les deux courgettes avec un peu d'huile dans la sauteuse pendant quelques minutes. Pendant la cuisson, on ajoute une cuillerée à soupe de curry, un zeste de citron, du garam masala, du curcuma, de la coriandre, des raisins secs, des cacahuètes concassées, du gingembre, des tomates séchées et de l'ail.

MARIE-JOSÉ : Tenez, je vous ai apporté de l'ail de mon jardin.
SYLVIE : Super ! Merci. Il m'en faut trois **gousses**. Je vais les éplucher et les écraser.
AGNÈS : C'est une bonne idée, les raisins secs et les cacahuètes. Ça donne certainement un goût très doux et parfumé.
SYLVIE : Oui, mais on peut remplacer les cacahuètes par des **noix de cajou** grillées.
MARIE-JOSÉ : Désolée, je ne trouve plus le curcuma.
AGNÈS : C'est normal, Robert l'a déjà mis dans la sauteuse.
MARIE-JOSÉ : Quelle rapidité, Robert !
ROBERT : On fait des concours de rapidité, avec les collègues, au magasin. Je passe cinquante **boîtes de conserve** par minute sur le scanner.

la gousse : clove
la noix de cajou : cashew nut
la boîte de conserve : tin can

SYLVIE : C'est incroyable !
MARIE-JOSÉ : Toutes ces épices, ça m'ouvre l'appétit.
SYLVIE : Je laisse cuire deux ou trois minutes, puis j'ajoute quatre cuillerées à soupe de tamari.
MARIE-JOSÉ : C'est de la sauce de soja ?
SYLVIE : Oui, elle est assez douce.
Je remue pendant deux minutes.
AGNÈS : Je peux le faire ? J'adore touiller avec la cuillère en bois.
MARIE-JOSÉ : Elle est en plastique, je crois.
AGNÈS : ***On ne dirait pas*** !
SYLVIE : Maintenant on couvre, et on laisse mijoter à feu doux pendant dix minutes.
Pendant ce temps, on va s'occuper des **nouilles**.
MARIE-JOSÉ : J'ai entendu dire que la cuisson des nouilles de riz était très spéciale.
SYLVIE : Oui, il faut les faire tremper pendant cinq minutes dans de l'eau froide pour les ***ramollir***. Je les plonge ensuite une ou deux minutes dans une casserole d'eau bouillante salée.

on ne dirait pas : it doesn't look like (plastic)
la nouille : noodle
ramollir : to soften

MARIE-JOSÉ : Je peux les égoutter, maintenant ?
SYLVIE : Oui.
ROBERT : Les légumes sont cuits, je crois.
SYLVIE : Alors on éteint le feu, et on laisse le couvercle pour garder la chaleur.
MARIE-JOSÉ : Qu'est-ce qu'on fait avec l'œuf ?

SYLVIE : On le bat dans un bol, et on le cuit avec les légumes.
MARIE-JOSÉ : Comment on fait ? Je n'ai jamais cuit d'œuf dans des légumes.
SYLVIE : Le mieux est de faire un creux au centre des légumes. On laisse cuire l'œuf au milieu en le remuant de temps en temps. On le mélange progressivement aux légumes.
AGNÈS : Et maintenant, on va mélanger le tout avec les nouilles ?
SYLVIE : Exactement. C'est presque fini. Je vais décorer avec de la ciboulette ou du basilic.
ROBERT : Et maintenant, ***il verse !***
MARIE-JOSÉ : Un vrai ***déluge !***
AGNÈS : On est bien chez soi !

il verse : it's pouring
le déluge : the downpour

Risotto aux épinards / Spinach risotto

Durée de préparation : 20 min.
Durée de cuisson : 20 min.

Pour 3-4 personnes

1 grand saladier d'***épinards*** frais
1 tasse de riz
2 tasses d'eau
1 cuillerée à soupe de bouillon en poudre
2 gousses d'ail frais
1 petit oignon
1 ***dé*** de gingembre
1 cuillerée à café de ***curcuma*** en poudre
1 cuillerée à soupe de noix de coco râpée
Une poignée de ***noix de cajou***
1 tasse de tofu
2 cuillerées à soupe de crème

un épinard : spinach
le dé : cube
le curcuma : turmeric
la noix de cajou : cashew nut

Des amis à moi, Éric et Nathalie, sont là pour m'aider à préparer un risotto aux épinards. Éric est ***kinésithérapeute***. Nathalie est ***vétérinaire***. Ils habitent à Strasbourg. Normalement, Marianne devrait être là aussi, mais elle est sortie pour acheter des boissons et une ***laitue***. Éric et Nathalie ont deux enfants, mais ils ne sont pas là aujourd'hui, car c'est mercredi, ils n'ont pas d'école et ils sont chez leur grand-mère.

le kinésithérapeute : physiotherapist
le vétérinaire : veterinarian
la laitue : lettuce

ÉRIC : De toute façon, nos enfants détestent les épinards.
NATHALIE : Je suppose que leur grand-mère va leur préparer des pâtes et du poisson **pané**, ou quelque chose comme ça.
SYLVIE : C'est beaucoup de travail de préparer des épinards. Il faut les laver, les égoutter et supprimer toutes les grosses **tiges**.
ÉRIC : Heureusement, nous sommes trois.

pané : coated in breadcrumbs
la tige : stem

NATHALIE : Ce n'est pas difficile de couper les tiges. On n'a même pas besoin d'un couteau. Elles cassent facilement.

ÉRIC : Aussi facilement qu'un **os atteint d'ostéoporose** ! Formidable ! Oups ! Pardon. ***Déformation professionnelle***.

un os atteint d'ostéoporose : a bone with osteoporosis
la déformation professionnelle : professional tic

SYLVIE : Maintenant, il faut écraser deux gousses d'ail.
ÉRIC : Non, merci. Mes doigts vont sentir l'ail pendant des jours entiers. Et comme je suis masseur...
SYLVIE : J'ai un presse-ail, regarde !
ÉRIC : Ah, super.
SYLVIE : Tu écrases deux gousses d'ail pendant que j'épluche et que j'émince un oignon. Nathalie, toi, tu pèles le gingembre et tu le haches finement ?
NATHALIE : Une copine m'a montré comment on pèle le gingembre. On peut simplement **gratter** la peau avec le dos du couteau. C'est plus facile.
ÉRIC : Ton gingembre me fait penser au **crâne** d'un de mes patients, la semaine dernière. Il avait attrapé un fort **coup de soleil**.
NATHALIE : Beurk ! Éric ! ! !
ÉRIC : Oups, Désolé. Déformation professionnelle.
NATHALIE : Et maintenant, je coupe le gingembre avec un couteau en tout petits morceaux ?
SYLVIE : C'est ça. Je fais chauffer une grande sauteuse avec un peu d'huile, et je fais revenir le riz pendant vingt ou trente secondes.
ÉRIC : Tiens, mon téléphone sonne. Désolé, c'est maman. Je dois **décrocher**. Allô ? Oui, maman ? Oui... oui...

gratter : to scrub
le crâne : skull
le coup de soleil : sunburn
décrocher : pick up the phone

SYLVIE : Bon, on continue. Dans la sauteuse, j'ajoute deux tasses d'eau, une cuillerée à soupe de bouillon en poudre, l'ail écrasé, l'oignon, le gingembre, une cuillerée à café de curcuma, et une cuillerée à soupe de noix de coco en poudre. Je mélange le tout.
NATHALIE : Ça va être très parfumé.
SYLVIE : Oui. J'ajoute les feuilles d'épinard, je les laisse sur le dessus. Je couvre la sauteuse, et je laisse mijoter pendant une dizaine de minutes. Les épinards vont ***ramollir*** et perdre de leur volume.
NATHALIE : Tu veux que je remue de temps en temps ?
SYLVIE : Oui. Tiens, voilà une ***spatule***.
ÉRIC : Je me suis lavé les mains dans ta salle de bain. Ces téléphones sont couverts de microbes ! Tu n'as pas de ***désinfectant ?***
SYLVIE : Euh... Non.

NATHALIE : Chéri, on n'est pas dans ton cabinet.
ÉRIC : Ah oui, c'est vrai. Déformation professionnelle ! Maman emmène les enfants à la piscine. Elle ne trouve plus le **bonnet de bain** de Nico.
Ça avance bien, le risotto ? Qu'est-ce que tu veux que je fasse ?
SYLVIE : Tu peux couper le tofu en dés ?
ÉRIC : D'accord. Ce tofu me fait penser à...
NATHALIE : Non, chéri ! ***Par pitié*** !
ÉRIC : Oups !

***ramollir* :** to soften
***le désinfectant* :** the disinfectant
***le bonnet de bain* :** the bathing cap
***par pitié* :** for pity's sake

SYLVIE : Je fais dorer les noix de cajou pendant quelques minutes dans une petite casserole à feu doux. Je les remue de temps en temps.
ÉRIC : J'ai fini de couper le tofu.
SYLVIE : Alors, on va le faire dorer dans une poêle avec un peu d'huile.
Après dix ou onze minutes, le riz est cuit. J'ajoute les noix de cajou et la crème. Je mélange.
NATHALIE : ***Ça a l'air drôlement bon***.
SYLVIE : Tu peux disposer le risotto sur les assiettes ? Moi, je vais décorer avec quelques cubes de tofu chaud. Et maintenant, l'idéal serait d'avoir une laitue pour accompagner le risotto !
NATHALIE : Marianne n'est toujours pas rentrée avec la salade. Ah ! La voilà.
ÉRIC : ***Pile à l'heure*** !
MARIANNE : Je n'ai pas trouvé de salade verte. Il n'y en avait plus dans le magasin. Mais il y avait un ***chou rouge*** !

***Ça a l'air drôlement bon* :** it looks pretty good
***pile* :** on the dot
***le chou rouge* :** red cabbage

Sur la photo, le risotto aux épinards est servi avec une salade de chou rouge cru, haché finement avec une échalote. Pour assaisonner le chou, j'ai préparé une vinaigrette avec une cuillerée à café de shoyu, du poivre, une cuillerée à soupe de vinaigre ou de jus de citron et deux cuillerées à soupe d'huile d'olive.

Gratins / With a cheese topping

Gratin moussakette

Durée de préparation : 30 min.
Durée de cuisson : 30-40 min.
Thermostat : 180°C

<u>Pour 5 ou 6 gourmands</u>
4 belles pommes de terre
2 grandes ***aubergines***
1 oignon
1 tasse de ***pulpe*** de tomate
1/2 cuillerée à café de graines de ***coriandre***
1/2 cube de bouillon ou une cuillerée à café de bouillon en poudre
4 belles tomates
1/2 tasse de parmesan râpé

Sauce béchamel
2 cuillerées à soupe de beurre
1 cuillerée à soupe de farine ou de **fécule de maïs**
1 tasse de lait
1 cuillerée à soupe de crème
Un peu de **noix muscade râpée**
Du sel et du poivre

une aubergine : eggplant
la pulpe : pulp, flesh
la coriandre : cilantro, coriander
la fécule de maïs : cornstarch
la noix muscade râpée : grated nutmeg

Idéale pour l'été, cette recette est inspirée de la moussaka grecque. Le mot «moussakette» n'existe pas. Je l'ai inventé.

Nous sommes avec Jacques, son épouse Bernadette et Vivien, le cousin de Bernadette. Et nous allons faire un gratin avec les légumes que Jacques a cultivés dans son jardin !

SYLVIE : Qui veut éplucher les pommes de terre ?
BERNADETTE : Je veux bien essayer. Je dois **avouer** que je ne fais jamais la cuisine !
SYLVIE : Vous ne cuisinez pas, Bernadette ?
BERNADETTE : Non, c'est toujours Jacques qui fait la cuisine.
SYLVIE : Pendant que vous pelez les pommes de terre, je vais huiler un plat allant au four. Et vous Jacques, vous pouvez **vous occuper** des aubergines ? Il faut faire des tranches d'environ cinq millimètres.
JACQUES : Bien sûr, pas de problème.
SYLVIE : Vivien, vous pouvez éplucher l'oignon et l'émincer ?
VIVIEN : **À vos ordres**, capitaine !
JACQUES : Vivien est skipper. Il dit toujours "oui, capitaine ! A vos ordres, capitaine !"
BERNADETTE : J'ai fini de peler les pommes de terre. Qu'est-ce que je dois faire, maintenant ?
SYLVIE : Il faut les couper en fines tranches. Tenez, voilà une ***mandoline***
Maintenant, on va disposer les pommes de terre dans le fond du plat. Et on va les **arroser** d'huile d'olive.

avouer : to confess
s'occuper : to see to
à vos ordres ! : at your command / yes, sir !
la mandoline : slicer, mandolin
arroser : to baste, sprinkle

JACQUES : Je suis **doué** pour arroser. Je suis jardinier.
SYLVIE : Parfait ! Je mets maintenant les tranches d'aubergines dans un saladier, je les sale et je les laisse reposer.
VIVIEN : Je comprends. C'est pour les faire **dégorger**.
SYLVIE : Exactement.

doué,e : gifted
dégorger : to disgorge

VIVIEN : Maintenant, qu'est-ce que vous voulez que je fasse avec les oignons ?
SYLVIE : Vous les faites dorer légèrement dans une sauteuse avec un peu d'huile.
VIVIEN : Okay, doc !
SYLVIE : Ils vont servir à faire une sauce. Donc quand ils commencent à dorer, on ajoute de la pulpe de tomate, des graines de coriandre, du sel, du poivre et un demi-cube de bouillon.
VIVIEN : Oui,capitaine ! Je fais dorer les oignons. Et quand ils commencent à dorer, je les mélange avec de la pulpe de tomate, de la coriandre, du sel, du poivre et du bouillon. Oh ! Mais le bouillon est solide !
JACQUES : Attends, je vais ***délayer*** le cube de bouillon dans de l'eau chaude, d'abord.
SYLVIE : Oui, et vous laissez mijoter la sauce quelques minutes à feu doux.
BERNADETTE : Regardez les aubergines ! Elles ont ***rendu*** de l'eau au bout de vingt minutes.
SYLVIE : Oui. Vous pouvez les égoutter ? Tenez, voilà une **passoire**.

délayer : dilute
rendre : to produce, make
la passoire : the colander

BERNADETTE : C'est vraiment utile de faire dégorger les aubergines ?
SYLVIE : Oui. Comme ça, elles seront moins sèches et elles cuiront mieux. Et maintenant, je dispose les tranches d'aubergines par-dessus les tranches de pommes de terre dans le plat.
BERNADETTE : La sauce est prête, maintenant ?
VIVIEN : Je crois que oui.
SYLVIE : Maintenant, on verse la sauce sur les aubergines.
JACQUES : Nous avons encore des tomates. Qu'est-ce qu'il faut faire avec ?
SYLVIE : Est-ce que vous pouvez les peler et les couper en tranches ?
JACQUES : Oui. Et après ?
SYLVIE : Après, vous les disposez dans le plat, sur les autres légumes.
BERNADETTE : Comme ça, on fait différentes **couches**.
SYLVIE : Comme elles ont l'air bonnes, vos tomates !

JACQUES : Elles ont ***mûri*** au soleil !
SYLVIE : Je préchauffe le four à 180 degrés.
Est-ce que quelqu'un sait préparer une sauce béchamel ?
JACQUES : Oui. Je vais vous montrer. Je fais fondre du beurre dans une petite casserole. Ensuite, j'ajoute de la farine et je mélange à l'aide d'un fouet. Vous avez un fouet, Sylvie ?
SYLVIE : Voilà. Tenez.
JACQUES : Merci. Je laisse cuire à feu très doux pendant quelques minutes, en remuant juste de temps en temps avec le fouet. Il doit se dégager une bonne odeur de ***noisette*** ou de pain grillé. Vous sentez cette odeur ?
SYLVIE : Mmm. Oui, ça sent bon.

la couche : the layer
mûri : matured
la noisette : the hazelnut

JACQUES : J'ajoute le lait progressivement, par petites quantités, tout en gardant la casserole sur le feu. Et je continue de remuer avec le fouet. Je laisse cuire la sauce quelques minutes jusqu'au premier **bouillon**.
VIVIEN : Pourquoi ça s'appelle une sauce "béchamel" ?
JACQUES : C'est le ***maître d'hôtel*** de Louis XIV, Louis de Béchameil, qui a donné son nom à cette sauce.
VIVIEN : Intéressant.
JACQUES : J'ajoute de la crème et de la noix muscade. Je sale et je poivre. La sauce doit être assez ***épaisse***.
SYLVIE : Parfait ! Alors, maintenant, vous recouvrez les tomates de sauce béchamel.
Vous saupoudrez le tout de parmesan râpé.
Vous mettez le gratin au four pour trente ou quarante minutes.
Quand le fromage est bien doré, c'est prêt !

le bouillon : the broth
le maître d'hôtel : the butler
épais, épaisse : thick

Gratin de pâtes et de chou-fleur / Pasta and cauliflower gratin

Durée de préparation : 25 min.
(avec cuisson des pâtes et du chou-fleur)
Durée de cuisson : 20 min. (au four)
Thermostat : 160°C

Pour 4-6 personnes

1 paquet de pâtes
1 ***chou-fleur***
1 tasse de fromage râpé
Du sel et du poivre

Nous allons préparer un gratin de pâtes et de chou-fleur avec Philippe et Stéphanie. Philippe et Stéphanie ont deux enfants, de sept et dix ans. Ils sont dans la cour et font un ***bonhomme de neige***.

PHILIPPE : J'adore les gratins.
STÉPHANIE : Et moi, j'adore le chou-fleur.
SYLVIE : Celui-ci est plutôt simple. Un plat familial pour les journées d'hiver.
STÉPHANIE : Mais sûrement délicieux.
SYLVIE : Et peu coûteux. Ce n'est pas de la haute cuisine, et pourtant, quand je fais cette recette, il n'en reste jamais pour le lendemain.
PHILIPPE : Chloé n'a pas mis ses gants. Chloé ! ***Tiens***, mets tes gants.
STÉPHANIE : Est-ce qu'on fait quelque chose pour l'accompagner ?
SYLVIE : Pourquoi pas une salade verte ?
STÉPHANIE : Oui !
PHILIPPE : Ça vous dérange si je mets la radio ? Il y a les résultats du tournoi de basket.
SYLVIE : Non, pas du tout.

le chou-fleur : cauliflower
le bonhomme de neige : the snowman
tiens : (v. tenir, impératif) here, there

SYLVIE : Je cuis les pâtes 'al dente'.

STÉPHANIE : 'Al dente', ça veut dire que les pâtes sont **fermes** sous la dent.
SYLVIE : Pendant que les pâtes cuisent, je lave le chou-fleur.
PHILIPPE : Donne, je vais le faire.
SYLVIE : Merci. Tiens, voilà une ***passoire***.
RADIO : ***Eurovision :*** on connaît les trois artistes qui vont composer le jury...
CHLOÉ : Maman, je peux faire un ***collier*** avec les ***coquillettes ?***
STÉPHANIE : Tiens, Chloé, tu rentres déjà ? Et ton bonhomme de neige ?
SYLVIE : Maintenant, je coupe le chou-fleur en morceaux, et je le cuis à la vapeur pendant une dizaine de minutes.
CHLOÉ : ***Mon lacet est défait***.
STÉPHANIE : Tu n'utilises pas de **cocotte-minute** ?
SYLVIE : Non, ce n'est pas nécessaire. Je cuis le chou-fleur dans une grande casserole avec un fond d'eau, c'est-à-dire deux ou trois centimètres d'eau.

ferme : firm
la passoire : the colander
Eurovision : Eurovision Song Contest
le collier : the necklace
la coquillette : pasta shell
mon lacet est défait : my shoelace is undone
la cocotte-minute : the pressure cooker

PHILIPPE : Tu ne sais toujours pas faire tes lacets ?
STÉPHANIE : Le chou ne va pas cuire dans l'eau, mais dans la vapeur qui se forme à l'intérieur de la casserole.
SYLVIE : Exactement.
STÉPHANIE : C'est bien. Comme ça, tu perds moins de vitamines et de minéraux.
CHLOÉ : La ***maîtresse*** dit qu'il faut des vitamines pour rester en bonne santé.
STÉPHANIE : Et elle a la raison.
SYLVIE : Je mets un couvercle sur la casserole.
STÉPHANIE : Ça, c'est très important. Sinon l'eau va ***s'évaporer*** très vite.
SYLVIE : Oui. Et je porte l'eau à ébullition. Quand l'eau bout, je baisse le feu, et je laisse cuire dix minutes à feu doux.
PHILIPPE : Qu'est-ce que je peux faire pendant ce temps ?
SYLVIE : Tu peux huiler le plat ?
RADIO : Une nouvelle limitation de vitesse sur les routes secondaires **entre en vigueur**...

la maîtresse : schoolteacher
s'évaporer : to boil off
entrer en vigueur : come into effect

SYLVIE : Je préchauffe le four à 160 degrés.
CHLOÉ : Chez nous, il neige.
STÉPHANIE : Et ton frère, il fait toujours son bonhomme de neige ?
CHLOÉ : Il est fini, le bonhomme de neige. On voudrait une carotte pour le nez.
SYLVIE : Les pâtes sont prêtes. Je les égoutte et je les dispose dans le plat.
Le chou-fleur est cuit aussi. Je l'égoutte et je le mélange avec les pâtes.
STÉPHANIE : ***Laisse***, je vais le faire.
PHILIPPE : Thomas, tu n'as pas enlevé tes chaussures. Regarde toute l'eau !
SYLVIE : J'assaisonne avec du sel et du poivre.
RADIO : Nous avons une candidate en ligne pour notre nouveau jeu, '**Devinez** la chanson' !
SYLVIE : Éventuellement, vous pouvez ajouter un peu de crème si cela va vous parait trop sec.
STÉPHANIE : Comme tu veux.
SYLVIE : Je parsème de fromage râpé...
RADIO : Bravo, Claudine. Il s'agit effectivement d'une chanson de Charles Trénet.
SYLVIE : ... Et je fais dorer tout ça dans le four pendant une vingtaine de minutes.
PHILIPPE : Il ne nous reste plus qu'à nous régaler...
STÉPHANIE : Les enfants, à table !
PHILIPPE : **Zut**. J'ai ***raté*** les résultats sportifs.

laisse : leave it
deviner : guess
zut : damn it
raté : to miss

Pizza, tartes et tartines / Pizza, pies and toasts

Baguette gratinée / Baguette with cheese topping

Durée de préparation : 15 min.
Durée de cuisson : 10 min.
Thermostat : 200°C

le poivron : sweet pepper
une échalote : a shallot
la gousse d'ail : garlic clove
la menthe : mint

Pour 6 tartines

1 baguette
1 **poivron** vert
1 ***échalote***
2 ***gousses d'ail*** fraîches
Une dizaine de feuilles de **menthe** ou de basilic
2 boules de mozzarella ou fromage loca
1 tasse de fromage râpé
Du sel et du poivre

Pour réaliser cette recette, je suis en visite chez Léonie et Franck, dans le onzième **arrondissement**, à Paris. Nous sommes dans la cuisine, qui ouvre sur une grande pièce, le salon et la salle à manger. Franck regarde le football à la télévision. Il y a un match très important.

LÉONIE : ***Entre nous***, je n'aime pas beaucoup le football.
SYLVIE : Moi non plus.
LÉONIE : Si tu veux, après manger on va ***faire les soldes*** !
SYLVIE : Très bonne idée.
LÉONIE : On ne va pas passer l'après-midi à regarder le foot.
SYLVIE : ***Ouais***.
LÉONIE : Tu me montres juste ce que je dois faire.
SYLVIE : Alors, tiens, on va éplucher le poivron, l'échalote et les gousses d'ail. Ensuite on les coupe en petits morceaux.
LÉONIE : Je fais des lanières avec le poivron ?
SYLVIE : Ça n'a pas d'importance, parce qu'on va le hacher très fin. Tu as un hachoir ?
FRANCK : ***Vas-y***, Giancarlo ! T'es le meilleur !
LÉONIE : J'ai ce hachoir manuel. Il est très sympa, regarde : tu tires sur la ficelle, et la ***lame*** tourne à toute vitesse.
SYLVIE : Ah ! ***Tiens***, j'ai le même chez moi !
LÉONIE : C'est vrai ?

un arrondissement : a borough
entre nous : between us
faire les soldes : to go to the sales
ouais : yeah
vas-y : go ahead
la lame : the blade
tiens : well, blast

SYLVIE : Oui. Donc tu haches les légumes avec les herbes aromatiques.
LÉONIE : Regarde, j'avais ***bouturé*** mon basilic l'été dernier, et il continue à pousser.
SYLVIE : Il est beau, dis donc.
FRANCK : Oui, vas-y ! ***Tire ! But !*** Buuuut ! Oh, non... Dommage !
SYLVIE : On va mettre les légumes hachés dans un bol. Tiens, il est ***rigolo***, ton bol. Il y a ton nom écrit dessus.
LÉONIE : Oui. C'est un souvenir de ***Limoges***.
SYLVIE : Maintenant, tu prends la baguette. Tu la coupes en trois, ***puis*** en six pour faire des tartines.

bouturer : cut off a plant
tirer : to shoot
le but : the goal
rigolo : funny

Limoges : City in west-central France, known for its porcelain
puis : then

LÉONIE : Regarde, on a un super beau couteau à pain.
SYLVIE : Ah, oui ? Il vient d'où ?
LÉONIE : Je l'ai ***déniché*** au ***marché aux puces***.
SYLVIE : Il coupe super bien. Et maintenant, tu mets un ***filet*** d'huile d'olive sur chaque tartine.
FRANCK : Carton jaune ! Non mais, ***dis donc***, ***quel culot*** !

dénicher : to find
le marché aux puces : the flea market
le filet : the trickle
dis donc : hey, say
quel culot : what a cheek

SYLVIE : Tu as une plaque de four ?
LÉONIE : Oui. Tiens.
SYLVIE : Tu poses les morceaux de baguette sur la plaque, les unes contre les autres.
LÉONIE : Ça va faire deux tartines chacun.
SYLVIE : Tu répartis le mélange au poivron sur les morceaux de baguette.
FRANCK : Attention ! Regarde derrière... Il dribble bien.
SYLVIE : Tu mets un peu de sel sur les tartines.
LÉONIE : Et maintenant, la mozzarella ?
SYLVIE : Oui. Tu la coupes en tranches fines.
LÉONIE : Je vais en prendre un petit bout pour la **goûter**.
SYLVIE : Oui, tu peux goûter, c'est tellement bon. Tiens, moi aussi, je vais en goûter un petit bout. Trop bon !
FRANCK : **Ça chauffe** !
SYLVIE : Tiens, ***tant que j'y pense***, on va préchauffer le four à 200 degrés.
LÉONIE : Je recouvre les tartines de mozzarella...
SYLVIE : Et pour finir, tu peux même saupoudrer de fromage râpé. Il va gratiner et **empêcher** la mozzarella de sécher.

goûter : to taste
ça chauffe : things are heating up
tant que j'y pense : before I forget
empêcher : to prevent

LÉONIE : Je poivre.
SYLVIE : Et maintenant, tu fais gratiner les tartines au four une dizaine de minutes.

LÉONIE : Ça nous laisse le temps de préparer une petite salade verte pour accompagner les tartines.
FRANCK : Non ! Attention ! Aaaaargh... Oui ! Trop fort, ce **gardien de but**.
SYLVIE : Oh là là, ça a l'air délicieux. Maintenant, il faut attendre que ça refroidisse un peu avant de servir.
LÉONIE : Ça a l'air sérieux, ce match. ***Vous en êtes où***, Franck ?
FRANCK : But ! Les filles, on a marqué un but !

le gardien de but : the goalkeeper
vous en êtes où ? : where are you now ?

Tartines de pain noir au four / Baked black bread toasts

Durée de préparation : 10 min.
Durée de cuisson : 15 min.
Thermostat : 160°C

Pour 3 tartines

3 tranches de pain pumpernickel
De l'huile d'olive
3 **gousses** d'ail cuites ***en chemise***
2 tomates
1 tasse de fromage râpé
Du sel et du poivre

la gousse : the clove
l'ail en chemise : unpeeled garlic

Pour cette recette, on peut aussi utiliser de l'ail fraîchement écrasé. Mais ça n'a pas le même goût. L'ail en chemise a un goût plus doux et très parfumé.

Cuire des gousses d'ail au four
On appelle cette méthode "*l'ail en chemise*". Je vous conseille d'en préparer une assez grande quantité. Comme ça, vous pourrez les conserver au réfrigérateur, et vous en aurez à disposition pendant plusieurs jours. Vous séparez les gousses d'ail et vous les déposez encore entières et non épluchées dans un plat allant au four. Vous les arrosez d'huile et vous les faites cuire au four à 180 degrés pendant une vingtaine de minutes. Elles doivent être bien dorées.

Nous sommes toujours chez Franck et Léonie, dans leur appartement du onzième **arrondissement**. Cette fois, leur neveu et leur nièce sont là aussi, Virginie et David. Virginie a cinq ans et demi, et David a huit ans. Franck joue au **mikado** avec les enfants, pendant que Léonie et moi nous préparons les tartines de pumpernickel.

LÉONIE : Il est presque noir, ce pain. C'est étonnant.
SYLVIE : Les grains de céréales sont cuits entiers dans le pain.
LÉONIE : Tu l'as acheté où ?
SYLVIE : Au supermarché.
DAVID : Il a bougé, ton mikado, **Tonton**.
FRANCK : C'est pas vrai !
DAVID : Si !
VIRGINIE : Z'est mon tour.
SYLVIE : On va d'abord poser les tranches de pain sur une plaque de four. Et on va verser un léger **filet** d'huile d'olive sur chaque tartine.
LÉONIE : Oh, il n'y a **presque plus** d'huile dans la bouteille.
SYLVIE : Ça va suffire, je pense. Il n'en faut pas beaucoup. Ne t'inquiète pas.
DAVID : Tu **triches**, Tonton.
FRANCK : Pas du tout.
DAVID : Ça bouge.

un arrondissement : a borough
le mikado : mikado (pick-up-sticks)
Tonton : Uncle
le filet : the trickle
presque plus d'huile : almost no oil left
tricher : to cheat

SYLVIE : Si tu veux, tu peux peler les tomates, pendant que j'enlève la peau des gousses d'ail. Et on allume le four. Je le règle sur 160 degrés.
LÉONIE : Pourquoi tu **pleures**, David ? Qu'est-ce qui se passe ?
DAVID : C'est pas juste. Les mikados bougent tout le temps. ***Je n'y arrive pas***.
FRANCK : On va faire un autre jeu. Vous voulez jouer aux **dominos ?**
DAVID : D'accord.

pleurer : to cry
***y arriver* :** to manage, be able
les dominos : the dominoes

SYLVIE : J'écrase l'ail directement sur les tartines avec une fourchette. Est-ce que je mets de l'ail aussi pour les enfants ?
LÉONIE : Non, ils n'aiment pas l'ail. Je fais des tranches avec les tomates ?
SYLVIE : Oui. Maintenant, on met les tranches de tomate sur les tartines.
DAVID : Il faut du quatre. Justement ! J'ai du quatre.
FRANCK : Zut, je n'en ai pas, moi !
DAVID : Alors, tu ***pioches***, Tonton ! Ah ! Ah !
VIRGINIE : Moi aussi, z'ai du quatre.
SYLVIE : On va saler un petit peu. Après, On va recouvrir de fromage râpé et poivrer.
LÉONIE : Pas de poivre pour les enfants non plus.
SYLVIE : D'accord. Maintenant, je mets les tartines au four, et on va attendre une quinzaine de minutes.
LÉONIE : Jusqu'à ce que le fromage soit bien doré !
DAVID : Je n'ai plus aucun domino. J'ai gagné !
VIRGINIE : Moi aussi, z'ai gagné.
FRANCK : Zut, alors. J'ai perdu !

piocher : to draw

Tarte feuilletée / Puff pastry pie

Durée de préparation : 20 min.

Durée de cuisson : 30 min.
Thermostat : 150°C

5 ***feuilles de brick***
2 cuillerées à soupe de margarine ou d'huile
3 carottes
2 ***poivrons***
1 ***cœur de salade***
2 œufs
2 cuillerées à soupe de crème
2 cuillerées à soupe de fromage blanc
Du sel et du poivre

la feuille de brick : brick pastry sheet
le poivron : sweet pepper
le cœur de salade : core of lettuce

Nous allons réaliser cette recette avec Michel, un ami à moi qui s'étonne de tout. C'est parti !

MICHEL : ***Ça alors*** ! Je n'avais encore jamais fait **fondre** de margarine dans une petite casserole. C'est vraiment amusant. Ça fond vite, même à basse température !
SYLVIE : Maintenant, avec un ***pinceau***, on va **graisser** les deux côtés de chaque feuille de brick.
MICHEL : J'ai toujours voulu être un artiste. Cuisiner avec un pinceau, c'est génial ! Je prends de la margarine fondue, avec mon pinceau ? Comme ça ?
SYLVIE : Très bien ! Une fois graissées, on **empile** les feuilles les unes sur les autres dans un moule à tarte.
MICHEL : Comme ça, on obtient un **fond de tarte**. C'est simple, mais ***il fallait y penser*** !

ça alors ! : my goodness !
fondre : to melt
le pinceau : the brush
graisser : to grease
empiler : to pile up
le fond de tarte : the pie shell
il fallait y penser : clever thinking

SYLVIE : Oui, c'est vraiment une très bonne idée. Je trouve aussi. Maintenant, on va s'occuper des légumes. Regarde, on a des carottes et des poivrons. Je les ai achetés au marché ce matin. Le cœur de salade, c'est ce qu'il reste d'une salade que j'ai mangée hier.
MICHEL : Tu utilises les restes de salade ! C'est pas **bête**, ça.
SYLVIE : Je vais peler et râper les carottes. Tu peux m'aider, si tu veux.
MICHEL : Avec plaisir. Et ces poivrons ? Ils sont tellement ***lisses*** et brillants ! On dirait des petites chaussures **vernies**. Tu veux que je fasse quoi avec ?
SYLVIE : On va les éplucher et les couper en petit morceaux.
MICHEL : Comme ils sont croquants ! Ils sont super frais, ***dis donc*** ! Et ce ***mignon*** petit cœur de salade, je le coupe aussi en morceaux ?
SYLVIE : Oui, c'est ça. Et après tu peux battre les œufs en omelette.
MICHEL : Comme ça, dans un saladier, avec une fourchette ?

pas bête : smart
lisse : smooth
verni : varnished
dis donc : *hey, say ! Well !*
mignon : cute

SYLVIE : Oui, et après j'ajoute de la crème et du fromage blanc, et tu les mélangeras avec les œufs.
MICHEL : Oh, de la crème ! Bonjour les calories ! Mais c'est une bonne idée. Ce sera vraiment crémeux.
SYLVIE : Et maintenant, on fait chauffer le four à 150 degrés.

MICHEL : ***Je n'en crois pas mes yeux*** ! Tu as un four neuf ***à air pulsé !*** Moi, j'ai toujours mon vieux four à gaz des années 80. 150 degrés, ça suffit ?
SYLVIE : Oui. Parfait. Et maintenant, tu vois, on a deux saladiers. Un avec des légumes en morceaux, l'autre avec la préparation aux œufs. Eh bien, on va tout mélanger !
MICHEL : Je ***parie*** que c'est pour mettre dans le fond de tarte !
SYLVIE : Oui, vas-y. Je te laisse faire.
MICHEL : Donc je verse la préparation dans le fond de tarte. ***De fil en aiguille***, je commence à comprendre ce qu'on est en train de faire... Une belle tarte ! Ça, c'est top ! J'adore les tartes.
SYLVIE : Je mets la tarte dans le four, et je la laisse cuire une trentaine de minutes.
MICHEL : C'était ***un jeu d'enfant***, cette recette !

je n'en crois pas mes yeux : I can't believe my eyes
à air pulsé : forced-air
parier : to bet
de fil en aiguille : one thing leading to another
un jeu d'enfant : child's play

Pizza très facile

Durée de préparation : 15 min.
Repos : 2 heures
Durée de cuisson : 20 min.
Thermostat : 220°C

Ingrédients :
1 oignon
2 ou 3 poivrons
1 petit **piment** moyennement fort
1 courgette
3 tomates
2 boules de mozzarella ou autre fromage
De l'huile d'olive

<u>Pour la **pâte** à pizza</u>
3 tasses de farine
1 cuillerée à café de **levure boulangère**
1 cuillerée à café de sel
1 cuillerée à café de sucre
De l'eau (environ une tasse)
4 cuillerées à soupe d'huile d'olive

le piment : chilli pepper
la pâte : *the dough*
la levure boulangère : baker's yeast

C'est Jean-Baptiste et Mylène qui vont réaliser la pizza, aujourd'hui. Mylène a trois enfants entre quatre et neuf ans. Jean-Baptiste a aussi trois enfants, entre trois et dix ans. Les six enfants jouent dans le salon et la cuisine.

MYLÈNE : Bon. Il y a tous les ingrédients sur la table. Qui fait quoi ?
SYLVIE : Si tu veux, tu peux mélanger la farine, la levure, le sel et le sucre.
MYLÈNE : Je n'ai jamais fait de pâte à pizza moi-même !
SYLVIE : Tu vas voir, c'est facile.
MYLÈNE : D'accord... Comme ça, c'est bien mélangé ?
SYLVIE : Parfait. Il faut ajouter de l'eau et de l'huile, maintenant. Tu fais un puits au milieu de la farine, et tu ajoutes une tasse d'eau et quatre cuillerées à soupe d'huile d'olive. Tu mélanges encore une fois.
MYLÈNE : D'accord. Je mélange avec les mains ou avec une cuillère ?
SYLVIE : Comme tu veux. Tu peux commencer avec une cuillère et finir avec les mains. Si la pâte est un peu collante, tu peux la **pétrir** un peu plus.
MYLÈNE : Elle **colle** aux doigts. C'est grave ? Je dois rajouter de la farine ?
SYLVIE : Non, c'est normal. Maintenant, tu fais une boule de pâte.
MYLÈNE : Euh... Je fais comment ?
SYLVIE : Tiens, voilà une **spatule**. Tu décolles la pâte sur les côtés, et tu fais une boule dans le fond du saladier.
JEAN-BAPTISTE : Les enfants, **du calme**, là-bas !
LILY : Noémie a pris la télécommande !
NOÉMIE : Je veux regarder les ***dessins animés*** !

pétrir : to knead
coller : to stick
du calme : calm down
le dessin animé : the cartoon

JEAN-BAPTISTE : Chacun son tour, les enfants.
MYLÈNE : Okay, j'ai fait une boule. Et maintenant ?

SYLVIE : C'est tout. On va mettre un **torchon** propre et humide sur le saladier pour couvrir la pâte et on va la laisser reposer pendant une à deux heures dans un endroit chaud.
MYLÈNE : Justement, ton thermomètre indique 24 degrés. Il fait chaud !
SYLVIE : C'est parfait.
MYLÈNE : Okay doc'. Tiens, je vais me laver les mains dans ***l'évier***. J'ai de la pâte sous les ***ongles***. Qu'est-ce que tu fais dans la vie, Jean-Baptiste ?
JEAN-BAPTISTE : Je suis bibliothécaire. Et toi ?
MYLÈNE : Je travaille à la mairie, à l'urbanisme.
JEAN-BAPTISTE : Ah bon ? C'est drôle. Je ne t'avais encore jamais rencontrée... Je connais bien le département, pourtant.
SYLVIE : ***Tiens***, on frappe à la porte !
CHRISTIAN : **Coucou** les amis !
JEAN-BAPTISTE : Tiens ! Salut Christian !
CHRISTIAN : Je voulais voir comment ça allait.
JEAN-BAPTISTE : Ça va ! Tu vois, on est en train de faire une pizza.
ANTONIN : Je peux ***lécher*** la cuillère ?
MYLÈNE : Ce n'est pas de la pâte à gâteau, mon bichon. C'est de la pâte à pizza. C'est salé.
ANTONIN : **Ah bon**...

le torchon *: the tea towel*
un évier : a sink
un ongle : a nail
tiens : Hey ! Well !
coucou : Hello
lécher : to lick
Ah bon : well, then. I see.

Une heure plus tard...
SYLVIE : On va terminer la pizza.
CHRISTIAN : Bon, ***je vais vous laisser***. Ça m'a fait plaisir de discuter avec vous.
MYLÈNE : Tu ne manges pas de la pizza avec nous ?
CHRISTIAN : Non merci, ***je dois y aller***. Je déjeune avec des collègues ce midi.
JEAN-BAPTISTE : Alors, ***à la prochaine*** !
SYLVIE : Au revoir, Christian. On va éplucher et émincer les oignons très finement. Attention, ma **puce**. Ne joue pas avec le couteau. C'est dangereux. Tu ne t'es pas coupée ?
ÉLISA : Non. Mais un jour, je me suis coupée au doigt avec un couteau, dans la cuisine avec maman.
SYLVIE : Ouh, là, là, ça fait mal, les **bobos**. Je coupe le poivron et le piment en petites lanières, et la courgette en petites rondelles.

je vais vous laisser : I must go
je dois y aller : I have to go

à la prochaine : see you next time !
ma puce : my darling
le bobo : the wound

MYLÈNE : La pâte a plutôt bien levé.
SYLVIE : Nous allons travailler la pâte sur un **plan de travail**, avec un peu de farine. Tu veux le faire, Mylène ?
MYLÈNE : Oui, bien sûr. Je dois la pétrir un peu ?
SYLVIE : Oui, tu la pétris avec un peu de farine, jusqu'à ce qu'elle soit **souple** et moins **collante**.
MYLÈNE : ***Il va falloir*** huiler la plaque aussi.
SYLVIE : Tu peux étaler la pâte directement sur la plaque, c'est plus facile.
On peut la faire très fine ou un peu épaisse. Mais si on la fait plus épaisse il faut la précuire dix minutes toute seule dans le four.
MYLÈNE : On va la faire assez fine. Juste deux ou trois millimètres d'épaisseur.
JEAN-BAPTISTE : Tu viens manger ta **compote**, Anna ? Tu n'as pas faim ?

le plan de travail : the worktop, countertop
souple : flexible, supple
collant : sticky
il va falloir : we'll have to
la compote : the fruit puree

MYLÈNE : Tu commences par mettre du fromage sur la pâte ?
SYLVIE : Oui, je mets du fromage et de la mozzarella. Comme ça, le fromage va rester fondant au cœur de la pizza. Mais on peut mettre le fromage à la fin, c'est comme on veut.
JEAN-BAPTISTE : Attention, regarde-moi, Anna. Fais Aaaah...
SYLVIE : Après, tu répartis les légumes sur la pâte.
MYLÈNE : Ça me semble très appétissant !
SYLVIE : Ça commence à ressembler à une pizza !
MYLÈNE : Qu'est-ce que je fais avec les tomates ?
SYLVIE : Tu les coupes en fines tranches et tu les mets sur le dessus.
MYLÈNE : Lucien, ne cours pas trop vite sur le carrelage. Ça ***glisse !***
LUCIEN : Justement, c'est ça qui est super avec le carrelage ! Ça glisse !
SYLVIE : Bon, voilà. ***Je n'ai plus qu'à*** saler et poivrer.
JEAN-BAPTISTE : La cuisson va durer combien de temps ?
SYLVIE : Je vais la laisser cuire vingt minutes à 220 degrés.
JEAN-BAPTISTE : Je la surveillerai, si tu veux, **pour que** la pâte ne brûle pas.
SYLVIE : ***Ça y est !*** La pizza est cuite. Je mets un filet d'huile d'olive.
MYLÈNE : Tout le monde à table !

ça glisse : it's slippery
je n'ai plus qu'à : I only have to
pour que : so that
ça y est : made it ! That's it ! We're there !

Crêpes, galettes, nems... / Pancakes, nems...

Samoussas au poireau et au haddock / Samosas with leek and smoked haddock

Durée de préparation : 30 min.
(avec la cuisson du riz)
Durée de cuisson : 4-5 min.

Pour 6 samoussas
2 **poireaux**
2 filets de ***haddock***
6 feuilles de brick (voir aussi la recette ci-dessous)
1 tasse de riz cuit
1 cube de **gingembre**
1 dé de **curcuma** frais
Du sel et du poivre

le poireau : leek
le haddock : smoked haddock
le gingembre : ginger
le curcuma : turmeric

Stéphane a 38 ans. Il est célibataire, il habite en Bourgogne et il adore faire du vélo, car il est très sportif.

SYLVIE : Bonjour, Stéphane. Vous faites la cuisine de temps en temps ?
STÉPHANE : Le plus souvent possible, le soir de préférence, quand je rentre du travail. J'essaie de ne pas tomber dans la routine des plats préparés industriels.
SYLVIE : C'est bien, ça.
STÉPHANE : Oui. Mais ça reste une cuisine très simple. Je ne suis pas un grand cuisinier.
SYLVIE : Vous faites beaucoup de vélo ?
STÉPHANE : Oui. Je suis très sportif, alors en général, j'ai très bon appétit.
SYLVIE : Nous allons cuisiner quelque chose d'un peu élaboré, mais pas très compliqué non plus : des samoussas. C'est juste un peu long à préparer.

STÉPHANE : Qu'est-ce que c'est, un samoussa ?
SYLVIE : Les samoussas sont des **beignets** croustillants originaires du nord de l'Inde et du Pakistan. On peut les ***farcir*** avec toutes sortes d'ingrédients. Aujourd'hui nous avons du haddock et des poireaux.
STÉPHANE : Je n'ai pas l'habitude de cuisiner avec du haddock. Qu'est-ce que c'est, au juste ?
SYLVIE : Le haddock est un poisson, ***l'aiglefin***, salé et ***fumé***. Bien sûr, vous pouvez le remplacer par un autre poisson fumé. Et les végans peuvent utiliser du tofu fumé.

le beignet : the doughnut
farcir : to stuff
l'aiglefin : haddock
fumé : smoked

SYLVIE : On va commencer par cuire le riz dans une grande quantité d'eau. Le mieux est de le préparer la veille. Il nous faut du riz froid. Mais **tant pis**, on va le cuire maintenant.
STÉPHANE : Ça, le riz, je connais. J'en fais quasiment toutes les semaines.
SYLVIE : On retire la peau du poisson si nécessaire. Si votre poisson est très salé, vous pouvez le **dessaler** en le **trempant** dans du lait pendant plusieurs heures.
STÉPHANE : Est-ce qu'il faut le couper en petits morceaux ?
SYLVIE : Oui, c'est ça. Et est-ce que vous savez comment laver les poireaux ?
STÉPHANE : Oui ! Je retire les ***racines*** et les feuilles un peu ***abîmées***, et je coupe les poireaux en deux dans le sens de la longueur. Je les lave sous un ***filet*** d'eau en passant entre chaque feuille. Il y a souvent de la **terre** entre les feuilles.
SYLVIE : C'est une bonne technique.
STÉPHANE : Il faut les couper aussi en petits morceaux, je suppose ?
SYLVIE : Exactement. On prend une **planche** et on coupe les poireaux en petits morceaux.
STÉPHANE : Est-ce qu'il faut les cuire, maintenant ?
SYLVIE : Oui. Pour ça, on met un peu d'huile dans une sauteuse, on ajoute les poireaux, on met un couvercle, et on laisse cuire à feu doux pendant cinq ou six minutes.

tant pis : never mind
dessaler : remove the salt from
tremper : to soak
la racine : the root
abîmée : damaged
le filet : the trickle
la terre : the earth, dirt
la planche : the board

Pendant que les poireaux cuisent, Stéphane et moi nous épluchons et hachons finement le gingembre et le curcuma. Nous bavardons.
SYLVIE : Vous faites plutôt du **VTT** ou du ***vélo de course***, Stéphane ?
STÉPHANE : Du vélo de course. Je fais partie des cyclistes un peu fous que vous voyez ***pédaler*** au bord des routes, dans des ***maillots moulants***, ***quelle que soit*** la météo. Je suis passionné de vélo ! Depuis que je suis petit, déjà.

SYLVIE : Et vous faites d'autres sports ?
STÉPHANE : Je cours. Je participe à des marathons.
SYLVIE : Ça demande beaucoup d'entraînement, non ?
STÉPHANE : Oui. Je cours tous les matins pour aller au travail, et tous les soirs pour rentrer chez moi.

pendant que : while
le VTT : mountain biking
le vélo de course : the racing bike
pédaler : to pedal
le maillot moulant : the tight-fitting jersey
quel/quelle que soit : whatever ... it is

Quand le poireau est un peu cuit, on le met dans un saladier. On le mélange avec le haddock coupé en petits morceaux, le gingembre et le curcuma. On sale, et on poivre.

SYLVIE : Le riz **m'a l'air** cuit, maintenant. Je l'égoutte bien. Il est préférable de le laisser refroidir un peu avant de l'utiliser. Ensuite, on l'ajoute au mélange poireaux - poisson.
STÉPHANE : Je suis bien curieux de voir comment on forme ces petits beignets.
SYLVIE : Pour commencer, on plie la feuille de brick ronde en deux. On obtient un demi-cercle. On **rabat** le côté **arrondi** vers le côté droit. Les deux **bords** doivent se toucher. On a donc maintenant un long rectangle avec des extrémités arrondies.
STÉPHANE : Je vais le faire en même temps que vous, parce que sinon je vais oublier.

m'a l'air : seems to me
rabattre : fold down
arrondi : rounded
le bord : the edge

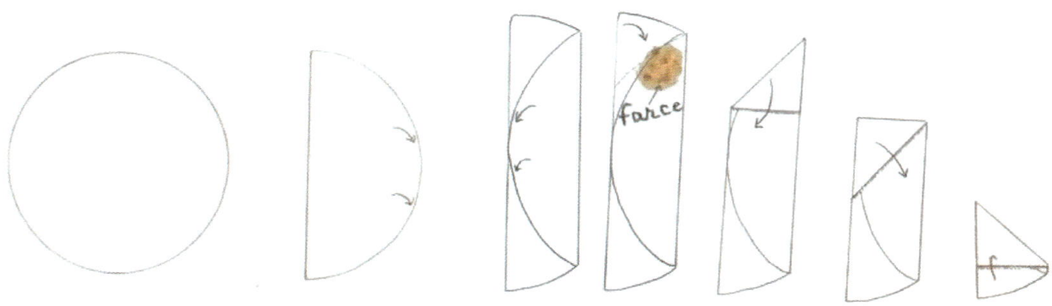

SYLVIE : Mais il y a d'autres techniques. Si les feuilles sont rondes, on peut former un triangle. Si les feuilles sont **carrées** et **rectangulaires**, on place une cuillerée à soupe de **farce** au centre, et on plie les côtés de la feuille pour former un carré.

carré : square
rectangulaire : rectangular
la farce : the stuffing

STÉPHANE : C'est un peu technique, mais j'aime bien les choses techniques.
SYLVIE : Je choisis donc de faire un long rectangle avec ma feuille ronde. Je dépose une cuillerée à soupe de préparation sur l'extrémité de gauche.
Je rabats le coin de la feuille sur la farce de manière à ce que les deux bords opposés se touchent. Je continue ainsi jusqu'à former un triangle.

Enfin, le grand moment est arrivé ! On fait frire les samoussas dans l'huile bouillante pendant plusieurs minutes jusqu'à ce qu'ils soient bien dorés.

STÉPHANE : C'est une sorte de marathon, les samoussas !

On peut faire les feuilles de brick soi-même, et c'est très facile.

Recette des feuilles de brick
8 cuillerées à soupe ***rases*** de farine de blé
1 cuillerée à soupe légèrement ***bombée*** de ***semoule*** fine de ***blé dur***
11 cuillerées à soupe d'eau
1 ***pincée*** de sel

ras, rase : to the brim
bombé : rounded
la semoule : the semolina
le blé dur : durum wheat
la pincée : the pinch

On mélange la farine, la semoule et le sel dans un saladier. On ajoute l'eau petit à petit, et on mélange progressivement avec un fouet.
On verse un peu d'huile dans une poêle ***antiadhésive***. On étale l'huile avec un papier absorbant, pour laisser seulement un petit film.
On fait chauffer la poêle doucement, et avec un pinceau on étale de la pâte dans la poêle. On obtient une fine ***pellicule***. On augmente la chaleur. Et quand les bords de la feuille commencent à ***se décoller***, on éteint le feu, et on décolle la feuille entièrement avec les doigts. On la pose sur un ***linge*** humide.
Et on recommence. On allume le feu et on fait doucement chauffer la poêle. On étale un peu de pâte avec le pinceau... Il ne faut pas laisser la poêle trop chauffer, sinon la pâte cuit trop vite et elle colle au pinceau. C'est pourquoi on éteint bien la plaque de cuisson entre chaque feuille.

antiadhésif : non-stick
la pellicule : the film
se décoller : peel off
le linge : the cloth

Rouleaux de printemps / Spring rolls

Durée de préparation : 25 min.

Pour 4 rouleaux de printemps

1 ***navet***
Une ***poignée*** de radis
2 carottes
1 tomate
3 branches de céleri
La moitié d'un chou-rave
1 **dé** de gingembre frais
1 dé de curcuma frais
Des herbes aromatiques : coriandre, basilic, ***persil***, ***estragon***...
1 poivron rouge
2 betteraves rouges cuites
4 feuilles de riz
4 petites feuilles de ***laitue***
Du sel et du poivre

le navet : turnip
la poignée : handful
le dé : cube, diced
le persil : parsley
l'estragon : tarragon
la laitue : lettuce

<u>Pour la sauce</u>
2 cuillerées à soupe de mayonnaise
2 cuillerées à soupe de concentré de tomate
2 cuillerées à soupe de **fromage blanc** ou de crème de soja
1 cuillerée à café de curry
Du sel et du poivre

le fromage blanc : cottage cheese

Béatrice est professeur de mathématiques dans un collège. Éléonore est vendeuse dans un grand magasin d'électroménager. Lucie est **notaire**. Toutes ensembles, nous allons faire des rouleaux de printemps ! Ce sont des rouleaux de légumes crus ou cuits, avec une délicieuse sauce, qui peuvent servir pour une **entrée** rafraîchissante.

le notaire : the notary public, attorney
une entrée : starter

SYLVIE : Qui veut laver les légumes ? Qui veut faire la sauce ?
ÉLÉONORE : **Je veux bien** laver les légumes.
BÉATRICE : Je veux bien faire la sauce.
SYLVIE : Pour la sauce, c'est simple : il faut mélanger tous les ingrédients : la mayonnaise, le concentré de tomate, le fromage blanc, le curry, le sel et le poivre. Lucie, pendant ce temps, vous pouvez couper la betterave cuite en petits **bâtonnets ?**
LUCIE : Bien sûr !
BÉATRICE : Désolée, Sylvie, j'ai **renversé** un peu de mayonnaise sur la table.
SYLVIE : Ce n'est pas grave, prenez cette **éponge**.

je veux bien : Yes, I would, thank you.
le bâtonnet : the stick
renverser : to spill
une éponge : a sponge

ÉLÉONORE : Je peux éplucher les légumes, maintenant ?
SYLVIE : Oui, vous pouvez éplucher et peler les légumes. Je vais vous aider, car il y en a beaucoup.
ÉLÉONORE : Vous gardez les épluchures pour le compost ?
SYLVIE : Exactement.
BÉATRICE : J'ai terminé la sauce. Je peux vous aider à quelque chose ?
SYLVIE : Oui, vous pouvez couper en petits morceaux le poivron rouge ? Nous allons couper aussi tous les autres légumes en cubes.
BÉATRICE : Des gros cubes ou des petits cubes ?
SYLVIE : Cela n'a pas d'importance, car nous allons hacher très finement les légumes avec un hachoir manuel ou électrique. Tous, **sauf** le poivron, la laitue et la betterave.

ÉLÉONORE : Je hache finement le navet, les radis, les carottes, la tomate, le céleri, le chou-rave, le gingembre, le curcuma et les herbes aromatiques. Je peux tout mélanger ?
SYLVIE : Oui, on mélange tous les légumes hachés dans le même saladier. Nous avons donc cinq récipients différents. Un bol de sauce; un bol avec des poivrons en morceaux; un bol avec des betteraves coupées en bâtonnets; un bol avec des feuilles de laitue et un saladier avec des légumes hachés.
ÉLÉONORE : Je mets du sel et du poivre sur les légumes hachés.
LUCIE : Alors, on peut commencer à faire les rouleaux, maintenant ?
BÉATRICE : Il y a un restaurant dans mon ***quartier*** où on peut manger des rouleaux de printemps. Un vrai ***régal***.

sauf : except
le quartier : the district
le régal : delight

SYLVIE : Vous habitez dans quelle ville ?
BÉATRICE : à Anvers.
SYLVIE : Oh ! Vous êtes de Belgique ?
BÉATRICE : Oui. Mais j'ai aussi de la famille en France. Je suis en visite.
LUCIE : Les gens font certainement beaucoup de **jeux de mots** avec Anvers, non ? **L'envers du décor**. **Envers et contre tous**...
BÉATRICE : Non, ***pas tellement***, en fait, bizarrement.

le jeu de mots : the pun
l'envers du décor : behind the scenes
envers et contre tous : against all odds
pas tellement : not so much

LUCIE : Je n'ai jamais mangé de rouleaux de printemps, mais **ça a l'air bon**. Vous les faites avec des feuilles de riz, c'est ça ?
SYLVIE : **C'est bien ça**. J'humidifie une feuille de riz. Pour cela, j'ai besoin d'une assiette remplie d'eau. Je **trempe** la feuille de riz dans l'eau. Je la ***mouille*** bien des deux côtés.
ÉLÉONORE : Ah ! Je comprends. L'eau va faire ***ramollir*** la feuille de riz.
SYLVIE : Oui. Je la pose ensuite sur le plan de travail. J'attends qu'elle ramollisse. Elle doit être ***molle***, mais pas trop. Juste un peu élastique.
ÉLÉONORE : Pourquoi ?

ça a l'air bon : it looks good
c'est bien ça : that's right
tremper : to soak
mouiller : to wet
ramollir : to soften
mou, molle : soft

SYLVIE : Parce que sinon elle devient extrêmement **collante**.
BÉATRICE : Elle mesure environ vingt centimètres de diamètre, à ce que je vois.
ÉLÉONORE : Je peux faire le premier rouleau ?
SYLVIE : Oui, bien sûr.
ÉLÉONORE : C'est en faisant qu'on apprend le mieux, n'est-ce pas ?
SYLVIE : Alors vous posez sur la feuille de riz d'abord une petite feuille de laitue.
Ensuite, sur la feuille de salade vous déposez une ou deux cuillerées de légumes hachés.
Puis trois cuillerées à café de sauce, et à côté, pour décorer, une cuillerée à café de poivrons.
Et enfin une cuillerée à café de bâtonnets de betterave.
ÉLÉONORE : On verra les différentes couleurs **à travers** la feuille de riz.
SYLVIE : Vous **rabattez** les deux côtés de la feuille sur la farce en **l'étirant** légèrement, pour former un rouleau.
ÉLÉONORE : Comme ça ?

collant : sticky
ensuite : then
puis : then
à travers : through
rabattre : fold down
étirer : stretch

SYLVIE : Oui, très bien ! Ensuite, vous **repliez** les deux extrémités pour les fermer.
On pose le rouleau sur une assiette et éventuellement on le parsème d'herbes aromatiques. Et voilà le premier rouleau !
LUCIE : Il faut **avouer** que c'est très joli.
BÉATRICE : Et ce n'est pas compliqué du tout.
SYLVIE : Lucie, vous voulez essayer ?
LUCIE : Je **n'ose** pas. Je ne suis pas très **douée** pour les travaux manuels délicats.
SYLVIE : Mais si, vous allez voir. La feuille de riz est molle.
Vous posez de la **farce** dessus avec une feuille de salade et de la sauce.
Vous rabattez les deux côtés de la feuille sur le dessus.
Et vous repliez les deux extrémités. C'est fini !

Sur la photo, les rouleaux sont servis avec des chips de **patate douce**.

replier : fold up
avouer : confess
oser : dare
doué : gifted
la farce : the stuffing
la patate douce : sweet potato

Nems

Durée de préparation : 35 min.

Durée de cuisson : 5-10 min.

Pour 8-10 nems
1 **navet**
2 petits oignons
1 **dé** de **gingembre**
1/2 **fenouil bulbeux**
2 feuilles d'algue verte
2 tasses de riz cuit **collant**
Du sel et du poivre
8-10 feuilles de riz

Pour la ***sauce aigre-douce***
1 cuillerée à soupe de shoyu
2 cuil. à soupe de ***vinaigre de cidre***
3 cuil. à soupe de ***jus de grenade***
2 cuil. à soupe de ***confiture***

le navet : the turnip
le dé : cube, diced
le gingembre : ginger
le fenouil bulbeux : bulbous fennel
collant : sticky
la sauce aigre-douce : sweet and sour sauce
le vinaigre de cidre : cider vinegar
le jus de grenade : pomegranate juice
la confiture : jam

Nous allons réaliser cette recette avec Anne-Marie, qui a 22 ans et qui est étudiante à la **Sorbonne**.

SYLVIE : Bonjour, Anne-Marie. Qu'est-ce que tu étudies ?
ANNE-MARIE : J'étudie l'anglais et les technologies de l'information.
SYLVIE : ***L'informatique***, ***entre autres*** ?
ANNE-MARIE : **C'est ça**.

la Sorbonne : the Sorbonne (French University)
l'informatique : IT (information technology)
entre autres : for instance
c'est ça : that's right

SYLVIE : Tu as déjà fait des nems ?
ANNE-MARIE : Une fois, avec des copines.

SYLVIE : Aujourd'hui, on va en faire avec des légumes et même des algues.
ANNE-MARIE : Ouah, super.
SYLVIE : On peut préparer cette recette avec toutes sortes de légumes différents. Tu peux remplacer le navet par un chou-rave, un céleri, des carottes râpées…
ANNE-MARIE : C'est pratique, ça.
SYLVIE : Oui, il suffit de regarder dans le frigo. On fait avec ce qu'on a.
ANNE-MARIE : J'aime bien ce principe.
SYLVIE : Alors, tu épluches et tu haches finement le navet, les oignons, le gingembre et le fenouil bulbeux.
ANNE-MARIE : Tu fais comment pour les hacher finement ?
SYLVIE : D'habitude, je les coupe d'abord en petits morceaux, et après je les **mixe** dans un hachoir électrique ou manuel. Regarde, j'ai ce petit ***hachoir*** avec ***ficelle***.
ANNE-MARIE : Génial, je veux le même !
SYLVIE : Maintenant, tu coupes les feuilles d'algue en petits morceaux. Tu les mélanges bien avec tous les légumes et le riz cuit. Tu sales et tu poivres.
ANNE-MARIE : On ne met pas plus d'aromates ?
SYLVIE : Il y a déjà le gingembre et l'oignon qui vont donner beaucoup de goût. Et au moment de servir, il y aura la sauce aigre-douce. Alors, c'est suffisant.
ANNE-MARIE : D'accord. Donc, maintenant, la **farce** est prête. Et comment tu fais la sauce aigre-douce ?

mixer : mixer
le hachoir : the chopper
la ficelle : the string
la farce : the stuffing

SYLVIE : Pour cela, on mélange bien le shoyu, le vinaigre, le jus de grenade et la confiture de fruits.
ANNE-MARIE : Du jus de grenade ? Ce n'est pas facile à trouver.
SYLVIE : J'utilise une grenade fraîche. Mais tu peux utiliser un autre jus de fruit un peu acide, comme le jus de pomme.
ANNE-MARIE : Et pourquoi ne pas expérimenter avec les fruits qu'on a dans la maison ?
SYLVIE : Exactement, Anne-Marie ! ***Pareil*** pour la confiture. On peut utiliser de la gelée de coing, de pomme, etc. Une fois, j'ai même utilisé un morceau de kiwi ***écrasé***. C'était délicieux.
ANNE-MARIE : Et maintenant, on fait les nems ? J'imagine qu'il faut ***mouiller*** une feuille de riz.
SYLVIE : C'est ça, il faut la mouiller parfaitement des deux côtés. Tu la poses sur le plan de travail. Après une ou deux minutes, elle devrait être bien ***molle***. Si ce n'est pas le cas, tu peux rajouter un peu d'eau avec les doigts.

ANNE-MARIE : Attends, maintenant je sais faire. Je dépose une cuillerée à soupe de riz aux légumes sur un côté de la feuille. Je ***rabats*** la feuille sur la farce. Puis je roule le reste de la feuille.

pareil : the same
écraser : mash up
mouiller : moisten
mou, molle : soft
rabattre : fold down

SYLVIE : C'est ça. Et il ne faut pas ***serrer*** le nem, sinon il ***éclate*** pendant la cuisson. Tu ***replies*** les côtés pour le fermer. Voilà.
ANNE-MARIE : Et donc il n'y a plus qu'à faire d'autres nems pour utiliser toute la farce.
SYLVIE : Eh oui ! Attention, il faut garder les nems bien séparés les uns des autres, car ils sont très ***collants***. Ils ne doivent pas se toucher.
ANNE-MARIE : Ah oui, on avait remarqué, avec les copines, que les feuilles de riz collent très fort.
SYLVIE : Maintenant, le grand moment est arrivé. On va faire frire les rouleaux par deux ou par trois dans une casserole d'huile bouillante ou une friteuse à feu moyen.
ANNE-MARIE : Comment tu sais que l'huile et suffisamment chaude ?
SYLVIE : Il se forme quelques ***tourbillons*** dans l'huile. On peut aussi jeter un petit morceau de feuille de riz humide. S'il y a des ***bulles*** qui se forment, alors l'huile est assez chaude.
ANNE-MARIE : Et combien de temps il faut les laisser frire ?
SYLVIE : Quelques minutes. Ils doivent être bien dorés. On peut les retourner de temps en temps. Si tu vois qu'ils éclatent, tu peux les piquer avec un couteau avant de les frire.
ANNE-MARIE : Je les sors avec une ***pince***, quand ils sont bien dorés ?
SYLVIE : Oui, c'est ça. Encore une fois, il faut éviter qu'ils se touchent dans l'assiette.
ANNE-MARIE : On a réussi !
SYLVIE : On va les servir chauds avec la sauce aigre-douce. ***Garnis*** d'une salade verte, Ce sera parfait.

serrer : tighten
éclater : burst
replier : fold up
collant : sticky
le tourbillon : the whirlwind
la bulle : the bubble
la pince : pliers, tongs
garni de : garnished, served with

Galettes de courgettes / Zucchini pancakes

Durée de préparation : 15 min.
Durée de cuisson : 12 min. environ

<u>Pour 2-3 personnes</u>
2 courgettes
2 grosses gousses **d'ail cuites en chemise** (voir recette page 79)
1 petit oignon
3 cuillerées à soupe de **farine de pois chiches**
2 cuillerées à soupe de crème de soja
Du sel et du poivre

l'ail en chemise : unpeeled garlic ('in a shirt')
la farine de pois chiches : chickpea flour

Nous allons réaliser cette recette avec Irène, qui est dramaturge et qui adore jouer avec les mots… Et faire des ***paris*** !

IRÈNE : Je vois que vous lisez le **bulletin municipal** de votre **commune**, Sylvie.
SYLVIE : Il était ce matin dans la boîte aux lettres.
IRÈNE : Des nouvelles intéressantes ?

SYLVIE : La ville va créer des nouvelles places de pique-nique. On organise plus d'activités pour les personnes âgées. Et on veut réduire la consommation de viande dans les écoles, car les enfants doivent manger plus de légumes.
IRÈNE : Oh ! ***Ça tombe bien***. Nous allons faire des galettes de courgettes aujourd'hui. Et ***d'ailleurs***, je vais choisir au hasard cinq mots dans le bulletin municipal, et je vais les placer dans la recette.
SYLVIE : C'est votre jeu préféré, n'est-ce pas ?
IRÈNE : Oui !

Irène ferme les yeux et pose son **doigt** sur des pages au hasard. Elle trouve les mots suivants : ***1. Traverser, 2. Patrimoine, 3. Poubelle, 4. Récemment, 4. Sortie***

faire un pari : to bet
le bulletin municipal : the town's monthly gazette
la commune : the town, municipality
ça tombe bien : it's a good thing
d'ailleurs : moreover
le doigt : the finger
traverser : go through
le patrimoine : the heritage
la poubelle : the garbage can
récemment : recently
la sortie : the exit

IRÈNE : Pas besoin de *traverser* l'océan Pacifique pour trouver des courgettes. Il suffit d'ouvrir le réfrigérateur. Et voilà ! Qu'est-ce qu'on va faire, maintenant, avec les courgettes ?
SYLVIE : Bravo ! Vous avez placé votre premier mot, déjà. Nous allons râper les courgettes **grossièrement**.
IRÈNE : Donc on retire les **tiges**, et on râpe grossièrement les courgettes. Et avec l'oignon ?

grossièrement : coarsely
la tige : the stem

IRÈNE : Vous savez, bien sûr, que l'oignon fait partie de notre *patrimoine* culturel français. Il est cultivé traditionnellement dans différentes régions de France.
SYLVIE : Déjà deux mots. Bravo ! On va éplucher et émincer l'oignon.
IRÈNE : Et toutes ces ***épluchures***, on va les mettre à la *poubelle*.
SYLVIE : Oui, mais à la poubelle biodégradable. Nous allons faire du compost.
IRÈNE : Maintenant, je suppose que nous allons mélanger l'oignon et les courgettes ?
SYLVIE : Exactement. Puis nous allons ***écraser*** l'ail.

une épluchure : a peel
écraser : mash up

IRÈNE : Je vois qu'il est déjà cuit.
SYLVIE : Oui. Je l'ai cuit au four avant-hier. C'est une méthode de cuisson qu'on appelle l'ail 'en chemise'.
IRÈNE : Ah oui, je connais cette méthode. Les gousses d'ail sont cuites au four encore entières et non épluchées dans un plat avec un peu d'huile. Je l'ai lu récemment dans un magazine de cuisine.
SYLVIE : C'est ça. Vous les faites cuire au four à 180 degrés pendant une vingtaine de minutes. Elles doivent être bien dorées.
IRÈNE : Et maintenant, on les épluche et on les écrase avec une fourchette.
SYLVIE : Oui. Et ensuite, on mélange tout : l'ail écrasé, l'oignon émincé, les courgettes râpées, la farine de pois chiches et la crème.
IRÈNE : Qu'est-ce qu'on fait, si on n'a pas d'ail cuit ?
SYLVIE : On peut utiliser de l'ail frais, ***bien sûr***. On le coupe en petits morceaux et on l'écrase aussi avec une fourchette.
On sale et on poivre.
IRÈNE : Alors, maintenant, je suis bien curieuse de voir comment vous formez vos petites galettes, Sylvie.
SYLVIE : C'est très simple. On fait chauffer de l'huile dans une poêle à feu moyen. On dépose une cuillerée de préparation dans la poêle. On ***l'aplatit*** avec le **dos** d'une cuillère afin de former une fine galette.
On forme ainsi plusieurs galettes dans la poêle, les unes à côté des autres. On les laisse ***rissoler*** pendant quelques minutes, puis on les retourne avec une spatule. On ajoute de l'huile dans la poêle si nécessaire. On fait ainsi dorer les galettes six minutes environ de chaque côté.

bien sûr : of course
aplatir : to flatten, squash
le dos : the back
rissoler : to brown

SYLVIE : Et maintenant, je suis bien curieuse de savoir comment vous allez placer votre dernier mot, Irène. Car nous avons terminé la recette !
IRÈNE : Bon, eh bien, comme j'ai rendez-vous chez le coiffeur, maintenant, ***je dois vous laisser***, Sylvie. Au revoir. Merci pour la recette. Je mangerai les galettes plus tard. Oh ! Et inutile de me ***raccompagner***, je connais la sortie.

je dois vous laisser : I have to go
raccompagner : to see sb to the door

SYLVIE : La sortie est votre dernier mot ?
IRÈNE : Oui !

Crêpes farcies / Stuffed pancakes

Durée de préparation : 45 min.
Repos : 30 min.
Durée de cuisson : 15-20 min.
Thermostat : 160°C

Pour six personnes
Une quinzaine de champignons
3 petits **poivrons**
Quelques feuilles de ***laitue***
1 oignon
1 gousse d'ail
1 cuillerée à soupe de crème
1 tasse d'emmental râpé
1/2 tasse de parmesan râpé
1/4 de tasse de vin blanc
Du sel et du poivre

On peut remplacer la laitue par des épinards, de la **poirée** ou même des carottes râpées...

le poivron : sweet pepper
la laitue : lettuce
la poirée : sea beet

Pour faire les crêpes, il vous faut :
Une tasse et demie de farine
2 œufs
1 cuillerée à soupe de margarine
Facultatif : 2 cuillerées à soupe de bière
Environ 2 tasses de lait

Aujourd'hui, Xavier et André sont avec moi pour faire des crêpes farcies. La fille d'André s'appelle Camille, et elle est là aussi. Elle a quatorze ans, elle est collégienne, et elle révise ses cours sur sa tablette, parce qu'elle a un **contrôle d'histoire** lundi.

CAMILLE : Je ne comprends pas pourquoi ***vous vous cassez la tête*** à faire des crêpes. De nos jours, les gens achètent des crêpes toute prêtes au supermarché.

facultatif: optional
le contrôle d'histoire : history test
se casser la tête à : *to bother too much about*

ANDRÉ : Mais ce sont des produits industriels, Camille. Les **crêpes maison**, c'est bien meilleur.
XAVIER : Ça me rappelle les crêpes de ma grand-mère. Elle les faisait avec le lait de la ferme et les œufs de ses poules. Elles étaient tellement ***moelleuses*** et savoureuses ! ***Rien à voir avec*** les crêpes industrielles.
SYLVIE : Tu sais faire les crêpes, Xavier ?
XAVIER : Oui, je vais vous montrer.

les crêpes maison : homemade pancakes
moelleux, se : soft
rien à voir avec : nothing to do with

Xavier verse une tasse de farine dans un saladier. Il fait un puits, et il casse les œufs dedans. Avec un fouet, il mélange bien. Puis il ajoute un peu de lait pour délayer la pâte.
XAVIER : Il ne faut pas ajouter trop de lait d'un coup. Il faut supprimer les **grumeaux** petit à petit avec le fouet, et on ajoute le lait très progressivement.

Il ajoute une cuillerée à soupe de margarine, deux cuillerées à soupe de bière et une demi-tasse de farine. Il mélange bien à nouveau.
XAVIER : La pâte doit devenir ***lisse*** et sans grumeau.

Il ajoute du lait petit à petit et continue de fouetter la pâte.
XAVIER : La pâte **ne doit pas être** trop liquide, ni trop épaisse non plus. Regarde, Camille, ***on dirait*** de l'huile. Magnifique, non ?

le grumeau : the lump
lisse : smooth
ne doit pas : must not
on dirait : it looks like

Il prend une louche de pâte et laisse couler un long ***filet*** de pâte dans le saladier.
CAMILLE : C'est juste une pâte à crêpe. ***Pas de quoi s'extasier***.
ANDRÉ : Veuillez excuser ma fille, elle nous fait une crise d'adolescence. Elle est de mauvaise humeur.
CAMILLE : Papa ! Arrête ! ***N'importe quoi***...
XAVIER : ***Il n'y a pas de honte à ça***. Moi aussi, j'ai eu une grave crise d'adolescence, à l'époque.
CAMILLE : Mais non, enfin !

le filet : the trickle
pas de quoi s'extasier : nothing to be excited about
n'importe quoi : nonsense
il n'y a pas de honte à ça : there's no shame in that

XAVIER : Et maintenant, je vais laisser ma pâte reposer pendant une demi-heure. Qu'est-ce qu'on fait, pendant ce temps ?
SYLVIE : On peut préparer les légumes.
Xavier épluche et émince l'oignon, pendant qu'André lave et coupe les champignons en lamelles. Je coupe les poivrons et la laitue en petits morceaux. J'épluche et j'écrase la gousse d'ail.
XAVIER : On va faire revenir les oignons, les champignons et les poivrons dans une sauteuse avec un peu d'huile pendant quelques minutes.
SYLVIE : Je mets du sel et du poivre. Je remue de temps en temps.
CAMILLE : Je peux goûter un morceau de champignon pour savoir si c'est cuit ?
XAVIER : ***Vas-y***.
CAMILLE : Le champignon est cuit mais encore un peu ferme. Même chose pour le poivron.
XAVIER : C'est parfait ! Alors j'ajoute la salade et l'ail. Je mélange bien le tout.
SYLVIE : Je verse une cuillerée à soupe de crème et on laisse mijoter une ou deux minutes à feu doux.

Plus tard...
ANDRÉ : C'est prêt ! J'éteins le feu, maintenant.
XAVIER : Je vais faire les crêpes, alors.
CAMILLE : Je peux essayer de retourner une crêpe en ***la faisant sauter ?***
XAVIER : Bien sûr. Si tu veux. Les crêpes t'intéressent, maintenant ?
ANDRÉ : Et ta leçon d'histoire ?
CAMILLE : J'ai appris toutes les dates, depuis le coup d'état à Waterloo. Il ***m'embête***, ce Napoléon, avec toutes ces guerres idiotes.
ANDRÉ : Mmm.... Je comprends. J'ai toujours détesté l'histoire.
XAVIER : Une petite pause ***ne peut pas lui faire de mal***.

vas-y : go ahead
faire sauter une crêpe : to flip a pancake
embêter : to annoy, bug
ça ne peut pas lui faire de mal : it will do him/her no harm

Xavier étale un peu de margarine dans une poêle, et il la fait chauffer. Il verse une louche de pâte. Il la répartit en tournant la poêle d'un mouvement circulaire. Il chauffe de nouveau la poêle à feu vif pendant deux ou trois minutes.

XAVIER : Regardez ! Les bords de la crêpe commencent à se décoller. On peut maintenant la retourner à l'aide d'une spatule.
CAMILLE : Non, non ! Laisse-moi faire, s'il te plaît !

XAVIER : Ah oui, c'est vrai. J'avais déjà oublié, Camille. Alors, vas-y, **à toi de jouer**. Tu vas retourner cette crêpe comme une professionnelle.

Camille prend le ***manche*** de la poêle dans sa main et fait sauter la crêpe en l'air, d'un mouvement ***vif*** vers l'avant. La crêpe retombe, **pendante**, sur le côté de la poêle. C'est presque réussi ! La deuxième crêpe retombe aussi sur le côté, mais la troisième est parfaitement retournée.
SYLVIE : ***Quelle adresse !*** Tu es très douée pour les crêpes, Camille !
XAVIER : Maintenant, il est temps de ***farcir*** les crêpes. Mais d'abord, nous allons huiler un plat allant au four.

à toi de jouer : it's your turn to play
le manche : the handle
vif : quick
pendant,e : hanging down
quelle adresse : what dexterity
farcir : to stuff

ANDRÉ : On va aussi préchauffer le four, j'imagine ? C'est toujours comme ça, dans les recettes.
SYLVIE : Exactement, on va préchauffer le four à 160 degrés.
ANDRÉ : C'est fait !
XAVIER : Bon. Vous prenez chacun une galette. Vous déposez dessus une cuillerée de préparation aux légumes. Vous ajoutez un peu de parmesan.
CAMILLE : Ensuite, c'est pas compliqué. Vous roulez la crêpe, vous la repliez sur les côtés pour la fermer. ***Franchement, il ne faut pas avoir fait maths sup' pour*** farcir des crêpes.
ANDRÉ : Camille, voyons ! Sois gentille, s'il te plaît.
XAVIER : Mais c'est un art, la cuisine, Camille ! Ah ! Ah ! Vous déposez votre crêpe farcie dans le plat huilé.
ANDRÉ : On les **serre** bien les unes à côté des autres ?
XAVIER : Oui. On peut les serrer. Et enfin, on recouvre les crêpes d'emmental râpé. On les fait gratiner au four quinze ou vingt minutes. Le fromage doit être ***croustillant***.
SYLVIE : On va se régaler !
XAVIER : Dis donc, Camille. C'était quand, déjà, la ***défaite*** de Waterloo ?
CAMILLE : Le 18 juin 1815 !
XAVIER : Je suis sûr que Napoléon ne savait pas faire sauter les crêpes comme toi.

franchement : honestly
maths sup' : 1st year advanced maths
serrer : to pack in
croustillant : crispy
la défaite : the defeat

Légumes / Vegetables

Poivrons frits / Fried sweet peppers

Durée de préparation : 3 min.
Durée de cuisson : 3-6 min.

Pour 4 personnes
Une vingtaine de petits poivrons à frire

Ce sont Maxime et Francine qui vont m'aider à réaliser cette recette. Maxime est poète, et Francine est mécanicienne dans un garage automobile.

MAXIME : Je suis très heureux et ***honoré*** d'être invité dans votre ***petit nid douillet***, Sylvie. Cet espace culinaire est délicieusement décoré.

honoré : honoured
le petit nid douillet : the cozy little nest

SYLVIE : Merci, Maxime. Mais vous exagérez un peu. Ce n'est qu'une **cuisine aménagée**. ***Tout ce qu'il y a de plus classique***.
FRANCINE : Sylvie, je suis impressionnée par votre ***attirail d'ustensiles***. Tous ces différents couteaux et spatules. Vous avez même une **pince** à spaghetti et **un presse-purée** !
MAXIME : Je suppose que ces petits poivrons originaux vont nous servir à **concocter** une délicieuse recette ?

la cuisine aménagée : the fitted kitchen
tout ce qu'il y a de plus classique : as classical as can be
un attirail : an equipment
un ustensile : a utensil
la pince : the kitchen tong
un presse-purée : a potato masher
concocter : to concoct

SYLVIE : Il s'agit d'une variété de petits poivrons verts, très populaires dans le sud de la France. Nous allons les faire frire.
MAXIME : Ah, oui ?
SYLVIE : Ils sont petits, donc on peut les manger entièrement avec les graines. Ils sont délicieux à l'apéritif.
FRANCINE : Ils sont forts ?
SYLVIE : Pas du tout. Ils sont très doux et parfumés.
FRANCINE : Vous n'avez pas de friteuse électrique ? **Ça m'étonne**. Votre cuisine ***a l'air*** tellement moderne.
SYLVIE : Je préfère mettre simplement de l'huile dans une casserole. Il faut juste faire attention de ne pas trop chauffer l'huile. Sinon, ***elle noircirait***. Je dois donc bien contrôler la chaleur.
FRANCINE : Vous avez une belle ***plaque à induction***.

ça m'étonne : I'm surprised
avoir l'air : look like
noircir : to blacken
la plaque à induction : the induction plate

MAXIME : Si l'huile fume, c'est mauvais signe.
SYLVIE : D'un autre côté, elle doit être suffisamment chaude. Je sais qu'elle est assez chaude quand des ***bulles*** se forment autour du poivron.
FRANCINE : Trois plaques. Une double zone. Quatorze ***niveaux de température***. Pas mal.

SYLVIE : Mais avant de faire frire les poivrons, il faut les **percer** une fois avec un couteau pour qu'ils ***n'éclatent*** pas pendant la cuisson.
FRANCINE : Je constate qu'il y a même un booster.
MAXIME : Je vais vous aider à piquer les poivrons, Sylvie. J'utilise ce petit couteau **pointu**, là ?

la bulle : the bubble
le niveau de température : the temperature level
percer : to pierce
éclater : to burst
pointu : sharp

SYLVIE : Oui, et vous piquez une fois. Cela permet à l'air de sortir du poivron.
FRANCINE : C'est justement pourquoi on évite de **crever un pneu**.
SYLVIE : Je mets une partie des poivrons dans l'huile bien chaude, de manière à remplir la friteuse.
MAXIME : Les poivrons **flottent** comme des petits bateaux !
SYLVIE : Je les laisse frire deux ou trois minutes, puis je les retourne.
MAXIME : Leur peau est légèrement **boursouflée**, maintenant.
SYLVIE : Oui, ça signifie qu'ils sont cuits. Je les égoutte avec une **écumoire**, et je les dépose sur une assiette. Attention, c'est chaud ! Maintenant, je peux faire la même chose avec le reste des poivrons.
FRANCINE : Vous jetez l'huile, à la fin ?
SYLVIE : Non, je la conserve dans un grand pot. Elle peut ***resservir*** une dizaine de fois.
FRANCINE : Ça me rappelle que j'ai une ***vidange*** à faire. Je vais ***filer***... merci pour la recette !
MAXIME : Je crois que le ***périple*** de ces petits poivrons va m'inspirer un nouveau poème...

crever un pneu : to burst a tyre
flotter : to float
boursouflé : swollen
une écumoire : a skimmer
resservir : be used again
la vidange : the oil change (car)
filer : to fly, dash off
le périple : the journey

Légumes d'été au four / Backed summer vegetables

Durée de préparation : 10-15 min.
Durée de cuisson : 40 min.
Thermostat : 190°C

Pour 4 à 6 personnes
3 courgettes
3 aubergines
3 poivrons
3 tomates
5 à 10 gousses d'ail
De l'huile d'olive
Du sel et du poivre

De retour chez Vanessa, dans son appartement parisien, nous passons notre temps à faire le marché et à cuisiner.

VANESSA : L'été dernier, Sylvie, quand j'étais chez toi, tu as fait des légumes au four. Qu'est-ce que c'était bon ! Je m'en souviens encore.

SYLVIE : C'est un de mes plats favoris en été.
VANESSA : La **saveur** des légumes fondants, avec juste un peu d'huile et de l'ail, est **à tomber par terre** ! On peut en faire aujourd'hui ? On a acheté plein de légumes fruits.
SYLVIE : Bien sûr.
VANESSA : Et on mange quoi avec ?
SYLVIE : Tout ce qu'on veut. C'est un accompagnement presque universel. On peut faire des cubes de polenta, par exemple. Ou du poisson. On peut aussi en faire une grande quantité, car s'il en reste, c'est très bon froid ou légèrement réchauffé.
VANESSA : Ah, je pourrais en manger **des tonnes**.

la saveur : the flavour
à tomber (par terre) : to die for
des tonnes de qch : a ton of sth

SYLVIE : Je lave les légumes.
VANESSA : Qu'est-ce que tu veux que je fasse ?
SYLVIE : Tu peux couper les aubergines en tranches. Pendant ce temps, je vais éplucher les gousses d'ail.
VANESSA : Et maintenant ?
SYLVIE : Tu vas huiler un grand plat allant au four, et tu vas y déposer les tranches d'aubergine. Elles peuvent **se chevaucher**. Tu peux aussi faire deux **couches**. Et tu les sales légèrement avec du gros sel.
VANESSA : **Dis donc**, tu épluches beaucoup d'ail !
SYLVIE : Oui, mais je ne les coupe pas. Elles vont rester entières et devenir **fondantes** à la cuisson. **Un pur délice** ! Je les répartis sur les aubergines.

se chevaucher : overlap
la couche : the layer
dis donc : hey ! Say !
fondant : very tender
un délice : delight, delicacy

VANESSA : Tu veux que je coupe les courgettes en tranches aussi ?
SYLVIE : Oui, tu peux les couper dans le sens de la longueur.
VANESSA : Et maintenant, je les mets par-dessus les aubergines, c'est ça ?
SYLVIE : Oui. Même principe. Tu les places les unes à côté des autres. Mais elles peuvent aussi se chevaucher.
VANESSA : Je sale encore un peu ?
SYLVIE : Oui. Un peu de poivre aussi. Je fais préchauffer le four à 190 degrés. Ensuite, on va mettre dans le plat aussi les poivrons coupés en lanières, puis les tranches de tomate qui vont recouvrir le tout.

VANESSA : Il y a une raison pourquoi tu préfères cet ordre ?
SYLVIE : Ma théorie est que le jus des tomates va ***ruisseler*** jusqu'au fond du plat et ***imprégner*** les aubergines. L'ail aussi, au cœur des légumes, ne pourra pas **se dessécher**.
VANESSA : Excellent !
SYLVIE : Par contre, les tomates peuvent sécher un peu, donc on va les couvrir d'un ***filet*** d'huile d'olive.

VANESSA : Tu connais cette petite bouteille pour verser l'huile très finement ? Je l'ai achetée en Italie !
SYLVIE : Elle est vraiment très jolie et pratique.
Encore un peu de sel et du poivre, et hop, au four !
VANESSA : Il faut attendre combien de temps ?
SYLVIE : Une quarantaine de minutes, je dirais. Les tomates doivent **roussir** légèrement.
VANESSA : Tu ne trouves pas que cette recette ressemble au ***tian ?***
SYLVIE : Oui, les provençaux coupent les légumes en rondelles et les placent debout, en colonnes successives, dans le plat. C'est une autre variante.
VANESSA : Et maintenant, je crois que je vais appeler quelques copines pour les inviter. Je suis trop contente de leur faire goûter notre tian !

ruisseler : flow, run
imprégner : to soak, steep, fill
se dessécher : dry out
le filet : the trickle
roussir : to turn brown
le tian : the tian (a Provençal vegetable gratin)

Courgettes gratinées/ Zucchini with a cheese topping

Durée de préparation : 5 min.
Durée de cuisson : 15 min.
Thermostat : 190°C

<u>Pour 4 à 6 personnes</u>
4 ou 5 **courgettes**
2 cuillerées à soupe d'huile d'olive
Quelques cuillerées à soupe de parmesan râpé
Du sel et du poivre

la courgette : courgette, zucchini

Je suis toujours chez Vanessa, dans son appartement parisien, et nous allons réaliser un autre plat idéal pour l'été. Comme le précédent, il peut servir à accompagner toutes sortes de plats.

SYLVIE : Vanessa, je vois qu'il nous reste encore beaucoup de courgettes dans le frigo. Je propose donc de les faire gratiner au four.
VANESSA : Très bonne idée. Tiens, on sonne à la porte. C'est sûrement les copines.
SYLVIE : Tu attends des invités ?
VANESSA : Oui. C'était tellement bon hier, alors j'ai invité tout le monde : Florence, Aude, Gaëlle, Véronique...

VANESSA : Les filles, on va faire des courgettes gratinées.
FLORENCE : Facile !
SYLVIE : Je commence par préchauffer le four à 190 degrés.
AUDE : Je verse de l'huile d'olive dans un plat allant au four. ***J'étale*** bien l'huile en ***inclinant*** le plat dans tous les sens.

étaler : to spread
incliner : to tilt

SYLVIE : Je lave les courgettes.
VANESSA : Je supprime la ***tige***. Et je coupe les courgettes dans le sens de la longueur.
GAËLLE : Les tranches font environ cinq à huit millimètres, docteur Watson.
SYLVIE : Je dépose les tranches de courgettes dans le plat.
VÉRONIQUE : Vous pouvez faire plusieurs **couches** de courgettes.
VANESSA : Je mets du sel et du poivre.
FLORENCE : Je saupoudre de fromage de parmesan râpé.
SYLVIE : Il n'y a plus qu'à faire gratiner les courgettes au four pendant une quinzaine de minutes.

Plus tard...
VÉRONIQUE : Elles sont prêtes, maintenant ?
SYLVIE : J'ouvre le four pour voir.
AUDE : J'entends le ***grésillement*** de l'huile. Je ne sais pas pourquoi, mais c'est un petit bruit vraiment ***appétissant***.
GAËLLE : Le fromage doit être bien doré, non ?
VANESSA : Ça sent bon, en tout cas.
FLORENCE : ***Mais qu'est-ce que*** ça signifie, ***au juste***, "bien doré" ? On utilise cette expression dans tellement de recettes.

la tige : *the stem*
la couche : *the layer*
le grésillement : frizzling sound
appétissant : appetizing
mais qu'est-ce que : what on earth
au juste : exactly

VÉRONIQUE : "Bien doré", c'est du jaune et du marron mélangés.
SYLVIE : Mais ce n'est pas jaune, et ce n'est pas marron non plus.
VÉRONIQUE : Justement, c'est "doré".
AUDE : C'est la couleur de la baguette du boulanger.
VANESSA : C'est la couleur d'un meuble en bois de ***chêne ciré***.
GAËLLE : **Bof**. Le chêne ciré, c'est plutôt beige.
FLORENCE : Ça dépend si ton bois est vieilli ou pas.
GAËLLE : Au départ, le fromage est déjà jaune.
AUDE : Oui, mais il est jaune très clair. Quand il est gratiné, il est un peu plus foncé.
VANESSA : Oui, mais pas trop foncé. Sinon, il est plutôt ***cramé***.
VÉRONIQUE : Si l'huile grésille, si ça sent bon, si le fromage a changé de couleur, alors ça signifie que c'est prêt !

le chêne ciré : waxed oakwood
bof : meh, nah
cramé : burnt

Œufs / Eggs

Omelette au thon / Tuna Omelette

Durée de préparation : 10 min.
Durée de cuisson : 10-15 min.
Thermostat : 160°C

Pour 2 personnes, il vous faut :
6 œufs
2 cuillerées à soupe de crème
1 grosse boite de **thon**
1 cuillerée à café de ***moutarde***
2 tomates
Du sel et du poivre

le thon : tuna
la moutarde : mustard

Originale, cette omelette est cuite au four ! Aujourd'hui, nous allons réaliser cette recette en compagnie de Germain, 58 ans, agriculteur et originaire de ***la Vienne***, dans le centre de la France.
SYLVIE : Bonjour Germain.

GERMAIN : Bonjour Sylvie, merci de m'avoir invité.
SYLVIE : Vous avez l'habitude de cuisiner, Germain ?
GERMAIN : Non, pas du tout. Mais je sais **tout de même** faire une omelette !
SYLVIE : Alors, c'est parti.

la Vienne : *Vienne (a department of France)*
tout de même : still, after all

SYLVIE : Bon, Germain, puisque vous êtes expert en omelette, je vous laisse casser les œufs et les battre dans ce saladier.
GERMAIN : Ce sont des œufs de **poules élevées en plein air**. **Ça se voit** ! Ça me rappelle le temps où on donnait à manger aux poules des **soupes d'ortie crue**. Elles adoraient ça, et ça leur apportait du **fer**.
SYLVIE : C'était **le bon vieux temps**.
GERMAIN : Je continue à donner des orties à mes poules.
SYLVIE : Très bien ! Maintenant, vous ajoutez la moutarde et la crème.
GERMAIN : Elle est bizarre, votre crème.
SYLVIE : Désolée. C'est de la crème de soja... Mais c'est très bon aussi, vous verrez !
GERMAIN : De la moutarde dans l'omelette ?
SYLVIE : Ça donne un goût super !
Vous **émiettez** le thon, et vous mélangez bien le tout. Vous salez et poivrez. Attention, pas trop de sel...
GERMAIN : Ah, c'est vrai que j'aime bien le sel, moi.

la poule élevée en plein air : free range hen
ça se voit : it shows, it's obvious
la soupe d'ortie crue : raw nettle soup
le fer : iron
le bon vieux temps : the good old days
émietter : to crumble

SYLVIE : Maintenant, je préchauffe le four à 160 degrés.
Je **graisse** et je farine un moule à tarte.
Pendant ce temps, vous pouvez couper les tomates en tranches, Germain ?
GERMAIN : D'accord. Quelle épaisseur ? Un peu moins d'un centimètre, ça vous va ?
SYLVIE : Parfait. Et maintenant, vous les disposez régulièrement dans le fond du moule.
GERMAIN : Je les fais se toucher, les tomates ?
SYLVIE : Ça n'a pas d'importance. Si vous en avez beaucoup, vous pouvez les faire se toucher. Sinon, vous les disposez régulièrement sur la surface du moule.
GERMAIN : Voilà, j'ai fini.
SYLVIE : Maintenant, pouvez-vous verser la préparation aux œufs dans le moule ?
GERMAIN : Alors, je verse tout, comme ça, par-dessus les tomates ?
SYLVIE : Oui, c'est bien ça.

GERMAIN : Une omelette cuite au four, c'est original. Vous êtes sûre que vous ne voulez pas la faire à la poêle ?
SYLVIE : Non, vous verrez, ce sera super comme ça. Je mets l'omelette au four et je la laisse cuire jusqu'à ce qu'elle soit légèrement dorée.
GERMAIN : ***Ça marche*** ! Je n'avais encore jamais vu une omelette comme ça.
SYLVIE : Et maintenant, ***régalez-vous*** !

graisser : to put grease on
ça marche : that works, that's fine
régalez-vous : enjoy your meal

Sauces, dips

Sauce piquante au yaourt / Spicy yoghurt sauce

Durée de préparation : 5 min.

Ingrédients :

1 yaourt grec ou yaourt au soja
1 cuillerée à soupe de crème de soja
1 petit oignon ou une ***échalote***
1 gousse d'ail
Quelques graines de ***coriandre concassées*** ou une pincée de coriandre en poudre
Une pincée de ***curcuma*** en poudre
Du poivre du ***moulin***
Du sel

un yaourt grec : a strained yogurt, Greek yogurt
une échalote : a shallot
la coriandre concassée : crushed coriander, cilantro
le curcuma : turmeric
le moulin : the mill

Voici deux exemples de petites sauces très pratiques. On va les réaliser en compagnie d'un couple, Jean-Pierre et Marie-Pierre.

SYLVIE : Vos deux prénoms ***vont bien ensemble***, Jean-Pierre et Marie-Pierre.
MARIE-PIERRE : Merci. On nous le dit souvent. Qu'est-ce que c'est, votre petite sauce ?
SYLVIE : La première, je l'utilise beaucoup pour agrémenter les bokits (voir recette page 18), les pains pitas ou chapati. Ou alors pour accompagner des pommes de terre chaudes. Elle est à base de yaourt et se consomme froide.
JEAN-PIERRE : Les anglophones l'appelleraient plutôt un "dip".
MARIE-PIERRE : Ah, oui ! J'ai déjà mangé des pommes de terre chaudes avec une sauce au yaourt froide. C'était délicieux. Mais il y avait des ***épinards*** et des ***artichauts*** cuits dans la sauce. La vôtre est sûrement très différente.

aller bien ensemble : to fit together
un épinard : a spinach
un artichaut : an artichoke

JEAN-PIERRE : Les pains pita, les chapatis, on en mange de temps en temps au restaurant. C'est pas mauvais. Mais je ne mange pas beaucoup de pain à cause du gluten.
SYLVIE : Vous êtes intolérant au gluten ?
JEAN-PIERRE : Toute la famille a des intolérances ou des allergies à quelque chose. Ma femme est allergique aux ***arachides***. Notre fille a une intolérance au lactose. Notre fils est allergique aux **poils de chat**.
SYLVIE : C'est certainement très difficile à **gérer**, tout ça.
JEAN-PIERRE : **Comme vous dites**.
SYLVIE : Pour le lactose, heureusement qu'on peut remplacer le lait de vache par du lait de soja.
JEAN-PIERRE : Oui, mais il faut contrôler tous les produits qu'on achète...
MARIE-PIERRE : Jean-Pierre, tu ennuies la dame avec tes histoires. Alors, cette sauce, ma chère Sylvie ?

une arachide : a peanut
le poil de chat : cat hair
gérer : to handle
comme vous dites : as you say

SYLVIE : Je hache finement l'ail et l'oignon avec un couteau ou un hachoir.
MARIE-PIERRE : Jean-Pierre ne peut pas manger d'oignons.
JEAN-PIERRE : J'ai une ***maladie intestinale***. C'est dommage.

SYLVIE : Ah oui ? Pauvre Jean-Pierre. Je ne savais pas. Vous pourrez peut-être remplacer l'oignon par de la ***ciboule*** ou de la **ciboulette**, chez vous ?
JEAN-PIERRE : Peut-être. On essaiera.
SYLVIE : Quelques gouttes de ***citron*** peuvent remplacer l'oignon aussi. En fait, on peut mettre ce qu'on veut dans cette sauce. On peut aussi mettre de la ***menthe*** fraîche, du ***persil***...
Pour concasser les graines de coriandre, je les ***écrase*** sur une planche avec une cuillère à soupe. On peut utiliser aussi de la coriandre en poudre, bien sûr.

la maladie intestinale : intestinal disease
la ciboule : spring onion
la ciboulette : chives
le citron : lemon
la menthe : mint
le persil : parsley
écraser : to crush

MARIE-PIERRE : Personnellement, je n'aime pas trop la coriandre. Le goût est vraiment bizarre. Désolée, ma chère Sylvie.
SYLVIE : Ah... Alors vous pouvez peut-être la remplacer par quelques graines de cumin ou de ***fenouil ?*** Pas de problème ! Moi, j'adore la coriandre.
Maintenant, je verse le yaourt et la crème dans un bol.
Je les mélange avec l'ail, l'oignon et la coriandre.
J'ajoute une pincée de curcuma, du sel et du poivre. Et voilà !

le fenouil : fennel

Sauce yaourt et cresson / Yoghurt and watercress sauce

Durée de préparation : 5 min.

<u>Ingrédients</u>
2 yaourts
1 cuillerée à soupe de mascarpone
Une poignée de cresson frais
Du gros sel
Du poivre
2 grains de poivre du Timut

Nous sommes toujours en compagnie de Jean-Pierre et Marie-Pierre, et nous allons réaliser une deuxième petite sauce. On peut l'utiliser aussi avec les bokits ou d'autres types de sandwiches.
MARIE-PIERRE : Je dois avouer que votre première petite sauce, hier, n'était pas mauvaise, ***malgré*** la coriandre.
SYLVIE : Vous allez voir, celle-ci n'est pas mal non plus, avec du **cresson** frais et du poivre du Timut.
JEAN-PIERRE : Du poivre du quoi ?
SYLVIE : Du Timut. C'est une graine qui **ressemble à** du poivre, mais avec un fort goût de ***pamplemousse***.
MARIE-PIERRE : Ça se trouve où ?
SYLVIE : Dans toute bonne épicerie. Mais on peut le remplacer par un filet de jus de citron ou de pamplemousse.

malgré : despite
le cresson : watercress
ressembler à : to look like
le pamplemousse : grapefruit

JEAN-PIERRE : Le cresson, on n'en mange pas souvent.
MARIE-PIERRE : Il parait que c'est riche en vitamines. On vous a apporté un petit cadeau.
SYLVIE : Oh ! Un petit bouquet de **soucis**. C'est magnifique. Merci. J'adore.
MARIE-PIERRE : ***Il parait que*** les **pétales** sont **comestibles**.
SYLVIE : Effectivement.
MARIE-PIERRE : En plus, elles sont ***bios***.
SYLVIE : C'est super, ça.
JEAN-PIERRE : On a donc pensé que c'était le cadeau idéal pour vous.
SYLVIE : C'est adorable !

le souci : marigold
il parait que : it seems that
le pétale : the petal
comestible : edible
bio : organic

SYLVIE : Je **mixe** le cresson avec le yaourt et le mascarpone.
MARIE-PIERRE : Ça me fait penser que notre **mixeur** est mort. Je dois en **racheter** un autre.
SYLVIE : J'ajoute du sel et du poivre du moulin.
Je **concasse** les deux grains de poivre du Timut avec un couteau et je les ajoute à la préparation.
JEAN-PIERRE : Seulement deux grains ?
SYLVIE : Oui, parce que c'est très fort. Je mélange bien le tout et c'est prêt.

MARIE-PIERRE : Elles sont plutôt faciles à faire, ces sauces au yaourt. J'en ferai plus souvent.
SYLVIE : Avez-vous déjà fait **germer** des graines de cresson vous-même ? C'est très agréable à faire.
JEAN-PIERRE : Nous ne sommes pas très jardiniers.

mixer : to blend
le mixeur : the blender
racheter : to buy again
concasser : to crush
germer : to sprout

SYLVIE : C'est très facile. Vous prenez un récipient aux bords pas trop hauts, une **boite** en plastique ou une soucoupe, par exemple. Vous déposez dans le fond une couche de papier absorbant. Vous humidifiez bien le papier, et vous déposez dessus des graines de cresson, bien **serrées** les unes contre les autres. Vous humidifiez tous les jours avec un peu d'eau, en évitant de **noyer** les graines. Il n'y a plus qu'à attendre que ça pousse !
JEAN-PIERRE : Je ne sais pas... je travaille dans la mécanique moi, vous savez.
MARIE-PIERRE : Et moi, je n'ai pas ***la main verte***.
SYLVIE : Oh, ce n'est pas nécessaire, vous savez...
MARIE-PIERRE : Je préfère les acheter en pots, comme les soucis.

boite : box
serré : pressed
noyer : to drown
avoir la main verte : to have green fingers, a green thumb

Desserts

Fondant au chocolat / Chocolate Fondant cake

Durée de préparation : 15 min.
Durée de cuisson : 35 min.
Thermostat : 180°C

Ingrédients :

200 grammes de chocolat pâtissier
150 grammes de sucre
150 grammes de margarine
50 grammes de farine
3 œufs

Je suis de nouveau en compagnie de Corinne et Daniel. Cette fois, nous allons faire un fondant au chocolat, un grand classique de la gastronomie française. Quand ils ont fait le taboulé rouge, la dernière fois, Daniel et Corinne ont voulu **parier** qu'ils ne le réussiraient pas. Et **pourtant**, ils l'ont réussi. Est-ce qu'ils vont réussir aussi le fondant au chocolat ?

SYLVIE : C'est un gâteau **fondant** à l'intérieur et **croustillant** à l'extérieur.
DANIEL : Je n'ai jamais fait de gâteau de ma vie.
CORINNE : Peut-être une fois, à l'**école maternelle**.
DANIEL : Oui, moi aussi. Je me souviens. C'était pathétique. J'ai rapporté le "gâteau" à la maison. Je dis un "gâteau" mais, en réalité, je ne sais pas ce que c'était. Mes parents n'ont pas voulu en manger.
SYLVIE : Vous ne pouvez pas le **rater**, celui-là. Il faut mesurer les bonnes quantités, c'est tout.
DANIEL : Ça veut dire qu'il faut utiliser une balance ?
SYLVIE : Si c'est plus facile pour vous, on peut utiliser les correspondances en tasses. Mais c'est un peu moins précis.
DANIEL : Ça me semble une bonne idée.
CORINNE : D'un autre côté, je veux bien apprendre à me servir d'une balance.
SYLVIE : Super ! Pour **peser** la farine, par exemple, je mets un récipient léger sur ma balance. Et je règle la balance sur zéro. Ensuite, je peux peser la farine.

parier : to bet
pourtant : yet
fondant : very tender
croustillant : crispy
l'école maternelle : nursery school, kindergarten
rater : to spoil
peser : to weigh

CORINNE : Ça évite de peser le récipient avec la farine. J'ai compris !
DANIEL : Qu'est-ce qu'on parie, cette fois ?
SYLVIE : Cette fois, on ne parie pas. J'ai une surprise pour vous.
DANIEL : Quoi ? Qu'est-ce que c'est ?
SYLVIE : J'ai invité Carole, Pierre, Nathalie, René et Sébastien pour prendre le café et manger du gâteau avec nous.
CORINNE : ***Aïe !*** On **a intérêt à** le réussir, ce gâteau.
DANIEL : C'est perdu d'avance. ***La honte*** !
SYLVIE : Et moi, je suis sûre que vous allez le réussir. Qui est-ce qui veut commencer ?
CORINNE : Je veux bien. Il faut **se lancer**. Par quoi on commence ?
SYLVIE : Tu casses le chocolat en petits morceaux.
CORINNE : Ça, je pense que j'en suis capable.
SYLVIE : Tu le laisses **fondre** doucement dans une casserole avec une cuillerée à soupe d'eau.
CORINNE : Il faut allumer la plaque de cuisson ? Ça commence à **se corser**.

aïe : ouch
avoir intérêt à : to be well advised to
la honte ! : What a disgrace !
se lancer : go for it
fondre : to melt
se corser : to get tough

SYLVIE : Tu appuies sur ce bouton. Tu règles sur une chaleur douce. Ma cuisinière va jusqu'à un maximum de 14. Alors, pour faire fondre le chocolat, je la règle sur 4.
DANIEL : Et moi, qu'est-ce que je dois faire ?
SYLVIE : Tu peux mélanger le sucre et la margarine avec une cuillère ?
DANIEL : Je crois que c'est faisable. Dans ce saladier ?
SYLVIE : Oui. Et moi, je vais préchauffer le four à 180 degrés.
DANIEL : Et maintenant ?
SYLVIE : Tu prends un fouet et tu fouettes le sucre avec la margarine. Il faut obtenir un mélange un peu **mousseux**.
DANIEL : Mais toute la masse est restée **coincée** à l'intérieur du fouet !
SYLVIE : Pas de panique. Ce n'est pas grave. Tu **secoues** légèrement le fouet. Ça va sortir.
DANIEL : Ouh, là, là, je vais refaire la peinture du plafond, comme ça.
CORINNE : Je crains que les amis doivent **renoncer** au gâteau, cet après-midi. .

mousseux : foamy
coincé : trapped
secouer : shake up
renoncer à : renounce

SYLVIE : Quand le mélange devient mousseux, tu ajoutes la farine par petites quantités en mélangeant bien à chaque fois.
DANIEL : D'accord.
SYLVIE : Maintenant, Corinne, tu casses les œufs **un à un** dans le saladier. Tu mélanges bien entre chaque œuf avec le fouet.
CORINNE : Je dois casser des œufs ?
SYLVIE : Tu casses la **coquille** sur le **bord** du saladier.
CORINNE : C'est la chose la plus difficile que j'ai jamais faite de ma vie.
SYLVIE : Tu y arrives très bien. Quand les œufs sont parfaitement mélangés tu verses le chocolat fondu dans la préparation. Tu mélanges bien.
CORINNE : Toujours avec le fouet ?
SYLVIE : Oui, c'est parfait. Maintenant, il faut graisser et fariner un moule à cake.
DANIEL : ***J'étale*** la margarine dans le moule avec les doigts ?
SYLVIE : Tu peux aussi utiliser un petit morceau de papier. Maintenant, on étale un peu de farine.
DANIEL : Elle **colle** sur la margarine.
SYLVIE : C'est parfait.

un à un : one by one
la coquille : the shell
le bord : the edge
étaler : to spread
coller : to stick

CORINNE : Je verse la pâte à gâteau dans le moule ?

SYLVIE : Oui. On peut utiliser une spatule pour bien nettoyer le saladier. Je mets le gâteau au four et je le laisse cuire pendant 35 minutes.
DANIEL : Je suis vraiment curieux de voir le résultat.

Trente minutes plus tard...
SYLVIE : Après 30 ou 35 minutes, je vérifie la cuisson avec un couteau.
DANIEL : Tu plantes un couteau dans notre gâteau ! ! ?
SYLVIE : Oui. S'il y a encore du chocolat fondu sur le couteau, je laisse le gâteau au four encore cinq minutes supplémentaires.
CORINNE : On frappe déjà à la porte.
CAROLE : Salut, les amis. Ça sent bon chez vous !

Rochers coco / Coconut rocks

Durée de préparation : 15 min.
Durée de cuisson : 10 min.
Thermostat : 180°C

Pour une douzaine de rochers
2 tasses de noix de coco râpée
1/2 tasse de sucre
1 cuillerée à soupe de **fécule de maïs**
4 cuillerées à soupe de lait

la fécule de maïs : cornstarch

Nous allons préparer cette recette en compagnie de Jérôme, qui a 15 ans et qui est **lycéen**.

SYLVIE : Salut, Jérôme.
JÉRÔME : Salut.
SYLVIE : Tu aimes faire de la pâtisserie ?
JÉRÔME : Pas vraiment...
SYLVIE : Mais tu aimes les rochers à la noix de coco ?
JÉRÔME : Les rochers, c'est une ***tuerie***. J'adore.
SYLVIE : Tu vas voir, c'est super facile à faire.

le lycéen : a sixth-form student, high school student
une tuerie : a killer, to die for

SYLVIE : Dans un saladier, tu mélanges les ingrédients **secs** d'abord : la noix de coco râpée, le sucre et la farine.
JÉRÔME : J'utilise quoi, pour mélanger ?
SYLVIE : Tiens, prends cette grande cuillère. Ensuite, tu fais un puits.
JÉRÔME : C'est quoi, un puits ?
SYLVIE : Tu fais un **creux** au milieu des ingrédients. Maintenant, tu verses le lait dans le puits. Tu mélanges bien de nouveau.
JÉRÔME : Ça ***colle***.
SYLVIE : C'est normal. La préparation doit avoir une ***consistance*** épaisse et un peu ***gluante***. On va la laisser reposer au moins cinq minutes.
JÉRÔME : Qu'est-ce qu'on va faire pendant ce temps ?
SYLVIE : D'abord, on peut commencer à préchauffer le four à 180 degrés. Mon four atteint cette température en six minutes.
JÉRÔME : Alors **top chrono** !

sec, sèche : dry
creux, creuse : hollow
ça colle : it's sticky
la consistance : consistency, thickness
gluant : slimy, clumpy
top chrono : starting now !

SYLVIE : Ensuite, tu peux graisser une plaque ou préparer une feuille de papier cuisson.
JÉRÔME : Je fais comment ?
SYLVIE : Tu étales un peu de margarine sur toute la surface de la plaque.
JÉRÔME : Ce ne serait pas plus simple avec une feuille de papier cuisson ?
SYLVIE : C'est comme tu veux. C'est l'un ou l'autre.
JÉRÔME : Va pour le papier.
SYLVIE : On va maintenant former des petites boules avec la préparation. Elles seront à peu près de la taille d'une balle de ping-pong.

JÉRÔME : Je les pose directement sur la plaque ?
SYLVIE : Oui, et tu les **enfournes** pour une dizaine de minutes. Les rochers doivent être légèrement dorés.
JÉRÔME : Et une fois qu'ils sont cuits, on peut les manger tout de suite ?
SYLVIE : Il faut mieux attendre qu'ils refroidissent. C'est meilleur.

C'est bizarre, mais Jérôme ***n'a pas l'air convaincu*** qu'il faut attendre...

enfourner : put in the oven
il n'a pas l'air convaincu : he doesn't seem convinced

Gâteau au fromage blanc / Cottage cheese cake

Durée de préparation : 15 min.
Durée de cuisson : 45 min.
Thermostat : 165°C

Ingrédients :
1 kg de **fromage blanc** (4 tasses)
200 g de sucre (1 tasse)
4 œufs
100 g de farine (2/3 de tasse)
Le **zeste** d'un **citron**
Quelques abricots ou autre fruit (**prunes**...)

le fromage blanc : cottage cheese
le zeste : zest, peel
le citron : lemon
la prune : plum

Aujourd'hui, Irène est de retour avec nous pour réaliser cette recette de gâteau au fromage blanc. Irène connaît bien la recette. Elle adore faire de la pâtisserie, mais aussi jouer avec les mots... !

IRÈNE : Je vais choisir cinq mots au hasard dans un livre. Je vous **parie** que je pourrai placer ces cinq mots dans la recette, Sylvie.
SYLVIE : Pari accepté !

Irène prend un livre au hasard sur une étagère de la bibliothèque. Elle ferme les yeux et pose son doigt cinq fois sur différentes pages.

Premier mot : *Innocence*
Deuxième mot : *Artificiel*
Troisième mot : *Analyser*
Quatrième mot : *Réconciliation*
Cinquième mot : ***Décevoir***

Ce gâteau est une mousse **moelleuse** et fondante, légèrement sucrée. **Une pièce en trois actes** !

parier : to bet
décevoir : to disappoint
moelleux, se : soft
une pièce en trois actes : a play in three acts

Premier Acte : les jaunes et le fromage blanc
IRÈNE : Tout d'abord, comme le jaune et le blanc sont un peu **serrés** dans leur œuf, nous allons les séparer. Pour cela, nous cassons l'œuf sur le bord d'un bol, et nous **transvasons** le jaune d'une coquille à l'autre. Le blanc **s'échappe** et tombe dans le bol. Dans une des deux coquilles, il ne reste alors qu'un jeune jaune aux belles **joues rebondies**, qui nous contemple avec l'*innocence* d'un bébé dans son **berceau**.
SYLVIE : Bravo Irène ! C'est très poétique.
IRÈNE : À l'aide d'une fourchette, vous battez ces petits jaunes avec le sucre. Il faut obtenir un mélange **mousseux** et lisse, de plus en plus clair, d'une couleur qui peut paraître *artificielle*.

serré : squashed, not have much space
transvaser : to transfer
s'échapper : to escape
les joues rebondies : the well-rounded cheeks
le berceau : the cradle
mousseux : foamy

SYLVIE : C'est vrai, la couleur **s'éclaircit**.

IRÈNE : Ensuite, nous ajoutons le zeste de citron. Nous versons toute la farine **d'un coup**, et nous mélangeons.
SYLVIE : Ça va donner un peu de consistance à la pâte.
IRÈNE : Nous ajoutons le fromage blanc, et nous mélangeons le tout encore une fois. Les jaunes sont très heureux dans le fromage blanc, mais ils commencent à avoir la nostalgie des blancs. Les jaunes vont-ils retrouver les blancs ?
SYLVIE : Suspense...

s'éclaircir : to lighten
d'un coup : in one go

Deuxième acte : les blancs retrouvent les jaunes.
IRÈNE : Maintenant, nous prenons un autre récipient. Nous fouettons les blancs d'œufs avec un fouet ou un ***batteur électrique***. Il n'est pas nécessaire de faire une neige; les blancs peuvent rester un peu liquides.
SYLVIE : Voilà qui nous facilite la vie. Mais une neige, c'est bien aussi, non ?
IRÈNE : Bien sûr. Il suffit d'*analyser* rapidement la consistance de cette mousse pour constater qu'elle ressemble à la mousse légère d'une bière.
SYLVIE : Oui, c'est très joli. Et vous venez de placer votre troisième mot, Irène. Bravo !
IRÈNE : Enfin, nous versons tout doucement les blancs sur la préparation au fromage blanc, et nous les mélangeons délicatement avec une spatule.
SYLVIE : Oui, le blanc est fragile. Il faut faire attention.
IRÈNE : Les jaunes et les blancs se retrouvent donc à l'intérieur d'un mélange ***soyeux***, délicat et crémeux. C'est la *réconciliation* du blanc avec le jaune. Des ***retrouvailles émouvantes***.
SYLVIE : Et maintenant, on va cuire tout ça au four.

le batteur électrique : the electric beater
soyeux,se : silky
les retrouvailles : the reunion
émouvant : moving, touching

Troisième acte : la cuisson
IRÈNE : Nous préchauffons le four à 165 degrés.
SYLVIE : Moi, je vais graisser et fariner un moule à gâteau.
IRÈNE : Nous y versons la préparation. Nous pouvons, mais ce n'est pas obligatoire, couper des abricots en quartiers pour décorer la surface du gâteau. Il est possible d'utiliser d'autres fruits, bien sûr.
SYLVIE : Des fraises et des framboises iraient très bien aussi.
IRÈNE : Oui. Nous ***enfournons*** le gâteau pour environ 45 minutes.

enfourner : put in the oven

Conclusion
SYLVIE : Le gâteau est cuit. Irène, Je crois que votre gâteau est un **chef d'œuvre**. Miam miam. On va ***se régaler***.
IRÈNE : Je ***crains*** de vous *décevoir*, Sylvie, mais vous devrez **attendre que** le gâteau refroidisse avant de le déguster !
SYLVIE : C'était le cinquième mot ! Bravo, vous avez réussi !

le chef d'œuvre : the masterpiece
se régaler : to enjoy *(a meal)*
craindre : to fear
décevoir : to disappoint
vous devez attendre que le gâteau refroidisse : you have to wait for the cake to cool down

Gâteau aux noisettes / Hazelnut cake

Durée de préparation : 10 min.
Durée de cuisson : 40 min. + 15 min.
Thermostat : 140°C

Ingrédients
3 œufs
150 grammes de sucre (une tasse)
180 grammes de **noisettes** en poudre (une tasse)
200 grammes de farine (une tasse)
1 cuillerée à café de **bicarbonate** ou de levure chimique
Une prise de sel
250 grammes de yaourt ou de **fromage blanc** (une tasse)
Une cuillerée à soupe d'huile

J'ai mangé ce gâteau la semaine dernière chez ma tante Cécile. Cécile est une spécialiste du gâteau aux noisettes. Il est ***moelleux*** à l'intérieur et ***croustillant*** à l'extérieur ! Un pur délice. Je lui ai demandé sa recette. Et ***devinez quoi*** ? Il est très facile à faire. Et il est moins calorique qu'un gâteau normal, puisqu'il ne contient pas de beurre. Mon oncle Michel est là aussi. Il lit un magazine.

la noisette : hazelnut
le bicarbonate : baking soda
le fromage blanc : cottage cheese
moelleux : soft
croustillant : crispy
devinez quoi : guess what

SYLVIE : ***Tata*** Cécile, est-ce que tu peux me montrer ta recette du gâteau aux noisettes ?
CÉCILE : Avec plaisir. Tu bats les œufs et le sucre dans un saladier. Le mélange doit devenir bien mousseux.
SYLVIE : C'est un début assez classique, ça.
CÉCILE : Oui. Et ***tant que j'y pense***. On va tout de suite préchauffer le four.
SYLVIE : A combien de degrés ?
CÉCILE : 140 degrés. Ensuite, tu ajoutes tous les autres ingrédients et tu mélanges bien.
MICHEL : Il y a des **blagues** très drôles, dans ce magazine. Vous voulez en entendre une ?
SYLVIE : oui !
MICHEL : Une dame arrive chez le pharmacien.
– Bonjour, monsieur ! Je voudrais de l'acide acétylsalicylique, s'il-vous-plaît !
– Vous voulez dire : de l'aspirine ?
– Ah ! Oui, c'est ça... ***Je ne me souvenais plus du nom***.
SYLVIE : Elle est vraiment drôle ! Qu'est-ce que c'est, comme magazine ?

Tata : auntie
tant que j'y pense : while I'm on the subject
la blague : joke
je ne me souvenais plus du nom : I couldn't remember the name

MICHEL : Un magazine agricole. Ils mettent toujours quelques blagues sur les dernières pages.
SYLVIE : Tata, tu veux que je ***graisse*** et farine le moule à gâteau ?
CÉCILE : Oui. Très bonne idée.
SYLVIE : Et ensuite ? Il y a d'autres histoires drôles ?
MICHEL : Écoutez celle-là : Un homme entre dans un bar en marchant sur les mains. Le serveur, surpris, lui demande pourquoi. Et l'homme répond :
«C'est à cause de ma femme. Elle ne veut plus que je mette un pied dans un bar.»
SYLVIE : Ah ! Ah !
CÉCILE : Elle est bien bonne !
SYLVIE : Et maintenant, tata, qu'est-ce qu'on fait ?
CÉCILE : Tu verses la préparation dans le moule.
SYLVIE : D'accord. Je vais prendre la spatule pour bien nettoyer le saladier.
CÉCILE : Tu cuis le gâteau au four pendant environ 40 minutes.
MICHEL : Encore une autre blague. Un monsieur très ***radin*** dit à ses enfants :
«Si vous êtes gentils ce soir, je vous montrerai la photo de quelqu'un qui mange de la glace.»
SYLVIE : Ah ! Ah !

Quarante minutes plus tard...
CÉCILE : Et maintenant, je vais te donner le secret pour obtenir un gâteau ***croustillant***. Tu augmentes la température à 200 degrés, et tu laisses le gâteau dorer pendant environ 10 à 15 minutes supplémentaires. Pas plus, sinon il va brûler.
SYLVIE : C'est une bonne ***astuce***.
CÉCILE : Tu le laisses refroidir un peu avant de le ***démouler***.
MICHEL : ***Allez***, une dernière blague. Un monsieur dit à un autre monsieur : «Quand je bois du café, je ne peux pas dormir.» L'autre monsieur répond : «Moi, c'est le contraire.
- Ah, oui ?
- Quand je dors, je ne peux pas boire de café.»
CÉCILE : Eh bien, c'est une bonne idée. Nous allons boire une tasse de café avec le gâteau !

graisser : to put grease on
radin : stingy
croustillant : crispy
une astuce : a trick
démouler : remove from the tin, the mould
allez : come on

Gâteau à la noix de coco et aux cranberries séchées

Durée de préparation : 15 min.
Durée de cuisson : 60 min.
Thermostat : 180°C

Ingrédients

2 tasses de farine blanche
2 tasses de noix de coco râpée
1 tasse de sucre
2 cuillerées à café de bicarbonate ou de levure chimique
1 tasse de cranberries séchées
1/2 tasse de lait
3 œufs battus
1/2 tasse de yaourt nature

Les végans peuvent remplacer les œufs par du yaourt de soja ou du lait. Il faut compter une cuillerée à soupe de yaourt par œuf.

Nous allons réaliser cette recette avec Émilie et son papa, Mathieu.

SYLVIE : Tu as quel âge, Émilie ?
ÉMILIE : Huit ans.
SYLVIE : Et tu habites où ?
ÉMILIE : À Bordeaux.
SYLVIE : Tu habites avec ton papa et ta maman ?
ÉMILIE : Oui.
SYLVIE : Elle est où, ta maman ?
ÉMILIE : Elle est chez le dentiste avec mon petit frère. Mon petit frère va avoir un ***appareil***. Moi aussi, j'ai un appareil. Regarde.
SYLVIE : Oh ! C'est un bel appareil. C'est important pour les dents. Pendant ce temps, on va faire un gâteau. Tu es d'accord ?
ÉMILIE : Oui.
SYLVIE : La recette est très facile, et tu vas pouvoir la faire toi-même.
ÉMILIE : J'ai déjà fait ***plein de*** gâteaux à la maison.
MATTHIEU : Oui, Émilie adore faire de la pâtisserie. Bon, **je vous laisse**.
SYLVIE : À plus tard, Matthieu !

un appareil (dentaire) : brace
je vous laisse : I have to go
plein de : a lot of

SYLVIE : Dans un grand saladier, on mélange tous les ingrédients dans l'ordre.
On mesure les quantités avec une tasse.
ÉMILIE : Comme ça, on n'a pas besoin de balance.
SYLVIE : Exactement. On mélange d'abord tous les ingrédients secs. La farine, le sucre, la levure, la noix de coco, les fruits secs. Tiens, voilà une grande cuillère. C'est bien mélangé ?
ÉMILIE : Oui. Qu'est-ce qu'il fait, papa ?
SYLVIE : Il vérifie des rapports financiers, je crois.
ÉMILIE : Pourquoi ?
SYLVIE : Il n'aime pas beaucoup faire des gâteaux, je crois.
ÉMILIE : C'est quoi, des rapports financiers ?
SYLVIE : Ce sont des listes de chiffres. C'est sûrement très important pour son travail.
ÉMILIE : Ah, Bon.
SYLVIE : Alors, maintenant, on va battre les œufs dans un bol avec une fourchette.
ÉMILIE : Le bol bleu ou le bol rouge ?
SYLVIE : Celui que tu veux.
Il faut préchauffer le four à 180 degrés. Tu sais le faire ?
ÉMILIE : Il faut juste tourner le **bouton !**
SYLVIE : C'est ça.
On creuse un puits au milieu des ingrédients secs.
On verse le lait et les œufs battus. Et on mélange bien le tout avec le fouet.
ÉMILIE : On peut utiliser le **batteur électrique**, comme à la maison ?
SYLVIE : Bien sûr. Il faut faire attention de ne pas **éclabousser**. Maintenant, on va ajouter le yaourt et bien mélanger encore une fois.
ÉMILIE : Je peux **goûter** la pâte ?
SYLVIE : Si tu veux. Il faut graisser et fariner un grand moule à cake.
ÉMILIE : Pour ça, maman **déchire** toujours un morceau de papier du paquet de farine.
Elle **étale** la margarine avec le papier.
SYLVIE : C'est pratique, ça.

le bouton : the button
le batteur électrique : the electric beater
éclabousser : to splash
goûter : to taste
déchirer : to tear, rip

ÉMILIE : Oui, mais on se met **quand même** de la margarine sur les doigts.

SYLVIE : Ensuite, il faut **étaler** la farine en **tapant** sur le moule et en le tournant. La farine **colle** sur la margarine. Mais il reste toujours un peu de farine.
ÉMILIE : Maman, elle remet toujours le reste de farine dans le paquet.
SYLVIE : Et oui ! Pourquoi la jeter ?
On verse la pâte dans le moule avec une spatule. Il n'y a plus qu'à mettre le gâteau au four.
ÉMILIE : À l'école, on a fait un gâteau au chocolat avec la maîtresse. Mais Jonathan a mangé toute la pâte **crue**, et la maîtresse n'était pas contente.
SYLVIE : C'est vrai que c'est bon, la pâte crue.
ÉMILIE : Moi, j'aime bien **lécher** la cuillère. Mais c'est tout. Je ne mange pas toute la pâte.
SYLVIE : Après une petite heure dans le four, on va vérifier la cuisson. Tu fais comment pour vérifier que le gâteau est cuit ?
ÉMILIE : On plante un couteau dans le gâteau. S'il y a de la pâte crue sur le couteau, alors il n'est pas encore assez cuit. Si le couteau reste propre, alors il est cuit.
SYLVIE : Exactement ! Attention, quand on ouvre le four, il y a de la **vapeur brûlante** qui sort.
ÉMILIE : Oui, maman dit toujours qu'il ne faut pas mettre la tête près du four, sinon on se brûle.

quand même : anyway
étaler : to spread
taper : to hit, tap
coller : to stick
cru,e : raw
lécher : to lick
la vapeur brûlante : (boiling) hot steam

SYLVIE : En tout, notre gâteau a cuit une heure dix. On va attendre qu'il refroidisse un peu avant de le **démouler**.
ÉMILIE : Un quart d'heure, je dirais.
SYLVIE : Et il se démoule facilement parce qu'on a graissé et fariné le moule !
ÉMILIE : Papa, le gâteau est fini ! C'était intéressant, tes rapports financiers ?
MATTHIEU : Non, ***pas tellement***, ma chérie.
ÉMILIE : Tu ***aurais dû*** faire le gâteau avec nous !

démouler : to remove drom the tin, the mould
pas tellement : not so much
tu aurais dû : you should have

Pain / Bread

Pain facile

Préparation : 10 minutes
Repos : 3 heures
Cuisson 40 minutes
Thermostat : 140°C

Ingrédients

De la **farine de blé**, éventuellement mélangée à d'autres types de farines (millet, ***maïs***, ***sarrasin***, ***épeautre***...)
De la levure boulangère, environ une cuillère à café de levure pour 500 g de farine
De l'eau (la quantité dépend du type de farine)
Du sel, environ une cuillerée à café de sel pour 500 grammes de farine
Du sucre, environ une cuillerée à café de sucre pour 500 grammes de farine

la farine de blé : wheat flour
le maïs : corn
le sarrasin : buckwheat
l' épeautre : spelt

Vous pensez qu'il est difficile de faire du pain ? Je vais vous montrer qu'au contraire faire du pain peut être très facile, même sans machine.

Personnellement, je n'utilise pas de machine à pain, ni même de balance ! J'utilise uniquement un saladier, une grande cuillère, une spatule et un moule à gâteau.
Pour les ingrédients, j'utilise, bien sûr, de la farine. J'aime beaucoup la farine de blé complète, mais aussi la farine de maïs, la farine de sarrasin, la farine de millet, le son d'avoine... Les farines spéciales doivent être mélangées à de la farine de blé.
Ensuite, il faut de la **levure boulangère**. En France, on l'appelle aussi la **levure de bière**. Vous pouvez utiliser de la levure fraîche, vendue au rayon frais en petits cubes, mais aussi de la levure déshydratée en poudre.
Enfin, il faut de l'eau et du sel. J'ajoute aussi un peu de sucre pour favoriser la fermentation. Mais ce n'est pas indispensable.
Ce sont les ingrédients de base d'un pain nature, mais vous pouvez ajouter toutes sortes d'ingrédients supplémentaires, comme des fruits secs, des graines, des noix ou des noisettes.

la levure boulangère : baker's yeast
la levure de bière : brewer's yeast

Mettez la farine dans un grand saladier. Si vous utilisez plusieurs types de farines différentes, mélangez-les bien. Ajoutez de la levure boulangère en poudre. Si vous utilisez de la levure fraîche, il est nécessaire de la dissoudre d'abord dans un peu d'eau tiède. Ajoutez du sel et du sucre.

Ajoutez de l'eau et mélangez. La **pâte** doit être **collante** mais pas trop **ferme**. Si vous sentez qu'elle est difficile à travailler avec la cuillère, cela signifie qu'elle est trop sèche. Il faut ajouter de l'eau.

Décollez la pâte avec une spatule afin de former une boule au fond du saladier, et couvrez avec un torchon. Laissez la pâte reposer pendant environ deux heures dans un endroit chaud. Une température d'environ 20 à 25 degrés celsius est idéale.

Si votre levure est de bonne qualité et si la pièce est assez chaude, il est possible de réduire le temps de repos à une heure. Vous verrez que la pâte aura bien **levé**. Elle sera devenue plus lisse et plus élastique.

la pâte : dough
collant : sticky
ferme : firm
lever : to rise

Très souvent, je ne pétris pas la pâte. Mais si vous le désirez, vous pouvez la pétrir jusqu'à obtenir une pâte bien lisse et élastique; elle sera plus stable à la cuisson, et vous n'aurez pas besoin de moule. Mais si vous ne pétrissez pas la pâte, alors il sera nécessaire d'utiliser un moule.
Huilez un moule à gâteau (ou une plaque de cuisson si vous avez pétri la pâte et si elle est très élastique). Déposez la pâte à l'intérieur. Laissez de nouveau la pâte reposer pendant environ 30 à 60 minutes. Elle doit lever une nouvelle fois.

Quand la pâte a de nouveau gonflé, faites des petites incisions à la surface à l'aide d'un couteau. Préchauffez le four à 140 degrés. Mettez le pain à cuire au four pendant environ 50 minutes, puis 15 minutes à 180 degrés. La surface du pain doit être bien dorée.

Comment faire griller des graines

Par exemple, je mélange des graines de sésame et des graines de lin.
Mettez les graines dans une petite casserole. Faites-les chauffer à feu moyen. Les graines doivent être grillées mais pas brûlées. Le but est d'obtenir des graines légèrement dorées. Le processus est un peu délicat et peut durer plusieurs minutes. Lorsque vous entendez plusieurs graines **éclater** sous l'effet de la chaleur, remuez la casserole et faites sauter les graines afin de les retourner. Si vous entendez beaucoup de graines éclater en même temps, cela signifie que la chaleur est trop élevée. Si vous n'entendez pas de graines éclater pendant longtemps, cela signifie que la chaleur n'est pas suffisante. De temps en temps, goûtez quelques graines pour savoir si elles sont suffisamment grillées à votre goût. Prolongez le processus de cuisson aussi longtemps que nécessaire.

éclater : to pop

Petites anecdotes sur les pratiques culinaires des Français / Little anecdotes on the French culinary habits

Le «frigo»

Il y a sept produits que presque tous les Français ont en permanence dans leur réfrigérateur : des œufs, du fromage, du beurre, du lait ou de la crème, de la **moutarde**, de la confiture et du vin blanc. Ces ingrédients basiques permettent de réaliser d'***innombrables*** recettes. On les utilise :

Au petit-déjeuner : notamment du beurre et de la confiture pour faire des **tartines**.

Au déjeuner : de la crème et du fromage, par exemple, pour préparer un gratin, et de la moutarde pour assaisonner une salade.

Au dîner... Et même au **goûter** de l'après-midi : des œufs pour faire un gâteau, du vin blanc pour faire une sauce...

Notez qu'on utilise en France principalement de la moutarde forte et non sucrée. Et les végans, bien sûr, remplacent les ***produits laitiers*** par des produits à base de soja.

J'aime bien utiliser les laits végétaux et de la crème de soja ***plutôt que*** les produits au lait de vache. Plutôt que du beurre, j'utilise de la margarine. Mais ***cela revient au même***.

la moutarde : mustard
innombrable : countless
la tartine : toast
le goûter : snack
les produits laitiers : *dairy products*
plutôt que : rather than
cela revient au même : it amounts to the same thing

J'utilise souvent un **cubi** de vin blanc. Il est pratique et pas cher. Il contient un litre et demi de vin et je peux me servir à l'aide du petit robinet. Il existe aussi des cubis de cinq litres. J'en ai deux de vin rouge dans mon placard... Le vin rouge se conserve assez longtemps ainsi.

le cubi : 5 liter wine box, bag-in-box

Autres ingrédients indispensables

Dans mes placards, j'ai aussi en permanence les ingrédients suivants : de la farine, de l'huile, de la levure de boulanger, du ***bicarbonate***, du sucre, de la ***fécule de maïs***, des légumes secs (***lentilles***, ***haricots***, ***pois chiches***...), des pâtes, du riz, du quinoa, du couscous, de la polenta, du ***vinaigre***, des ***épices***, du concentré de tomate, du sel et du poivre.

le bicarbonate : baking soda
la fécule de maïs : cornstarch
la lentille : lentil
un haricot : bean
le pois chiche : chickpea
le vinaigre : vinegar
une épice : spice

J'ai toujours ces ingrédients en réserve. Ils me permettent d'improviser chaque jour un repas si nécessaire. J'ai même différentes sortes de farines : de la farine de blé, de la farine de sarrasin, de la farine de maïs, de millet, de pois chiches... **Car** j'adore varier les saveurs et les consistances. La farine de sarrasin est idéale pour les galettes. J'utilise la farine de pois chiches pour les **fritures**. J'ai aussi différentes sortes d'huile : huile d'olive, huile de friture, huile de ***lin***, huile de **noix**, huile de **tournesol**....

car : because
la friture : frying
l'huile de lin : flax seed, linseed oil
la noix : walnut
le tournesol : sunflower

La balance

Les Français ont toujours une ***balance*** dans leur cuisine pour mesurer les quantités. Cela s'explique certainement par le fait que la cuisine française est une «science» exacte !
Je dois avouer que, personnellement, j'utilise rarement ma balance, et je **me fie** plutôt à mon «nez».

la balance : weighing scales
se fier à : to rely on
le nez : nose, flair

Le plaisir du goût naît de la diversité

Les étudiants des écoles de restauration françaises n'apprennent pas seulement les recettes traditionnelles, ils apprennent surtout à appliquer un processus de créativité. Ils apprennent à être créatifs, tout en respectant des codes culinaires très précis : association des couleurs, des **odeurs**, textures, **goûts** et ***saveurs***... L'art de cuisiner, c'est être créatif sans faire ***n'importe quoi*** ! La créativité est ***maîtrisée***.

une odeur : smell
le goût : taste

la saveur : flavour
faire n'importe quoi : do just anything, whatever comes into your head
maîtriser : to control

La cuisine traditionnelle régionale, ou ***cuisine du terroir***, consiste à travailler avec les produits de la région. Autrefois très riches, ces recettes sont aujourd'hui adaptées et personnalisées par les cuisiniers professionnels. Ainsi, elles sont moins grasses ou présentées avec des légumes différents... Et les plus grands cuisiniers français sont ceux qui ***se distinguent*** le plus par leur créativité et leur caractère unique.

La créativité ***est reine***, et pourtant, le résultat reste toujours bien français. Un plat créé de manière si individuelle ne peut pas être **confondu** avec un plat italien, espagnol, allemand, japonais, etc. Non, ça reste un plat français. Comment est-ce possible ? Il a ce petit quelque chose qui fait que nous nous retrouvons, nous les Français, dans ce plat unique et ***introuvable*** dans un autre restaurant du pays. Nous avons une façon bien française d'**apprêter** une viande, un poisson, de parfumer une sauce, d'obtenir des légumes bien **fondants** mais jamais trop cuits... C'est notre identité.

la cuisine du terroir : local cuisine
se distinguer : to stand out
la créativité est reine : creativity reigns, prevails
confondre : to get mixed up
introuvable : hard to find
apprêter : to prepare
fondant : very tender

L'important, c'est d'être ensemble

Contrairement à ce qu'on croit généralement, un repas français n'a pas besoin d'être compliqué ou sophistiqué pour être bon. Et il n'a pas besoin d'être **coûteux** non plus. Beaucoup de Français pensent qu'il n'est pas nécessaire de cuisiner du tout quand on a des amis pour le dîner. Du pain, du fromage, des ***crudités***, des olives... sont des aliments simples qui peuvent constituer un repas tout à fait acceptable. Le principal, c'est d'être ensemble. Et le plus important, c'est de ne pas oublier la bouteille de vin !

coûteux : expensive
les crudités : raw vegetables

Le vin

Le vin est vraiment une des boissons les plus populaires de France. Et le vin n'a pas besoin d'être cher non plus. Tout le monde aime le vin bon marché - oui, vraiment ! Il existe d'innombrables ***vins de table*** de bonne qualité. La bouteille de vin très chère, vieillie en cave ou en **fût de chêne**, on la réserve pour les grandes occasions.
Je fais confiance aux marchands de vins locaux. Ils sélectionnent eux-mêmes leurs vins préférés et ils donnent de bons ***conseils***.

le vin de table : table wine
le fût de chêne : oak barrel
le conseil : piece of advice

Le vin rouge se sert à ***température ambiante***. Le vin blanc, comme le champagne, et le rosé, se sert frais, à environ 8 ou 10 degrés Celsius. Le champagne et le vin ***mousseux*** ou ***pétillant*** peuvent même se servir un peu plus frais. Et dans le sud de la France, par exemple en Provence, on a l'habitude de mettre un ***glaçon*** dans le verre de vin blanc ou de rosé pour qu'il reste frais plus longtemps. Ce qui est considéré comme une ***hérésie*** dans le nord de la France ! On ne **coupe** pas ***son vin avec de l'eau !***

la température ambiante : room temperature
mousseux : fizzy
pétillant : sparkling
le glaçon : ice cube
une hérésie : a sacrilege
couper son vin avec de l'eau : dilute wine with water

Champagne et compagnie

Le champagne ***se démode*** un peu. On le remplace volontiers par du prosecco, un vin ***pétillant*** très fruité originaire d'Italie, ou du ***crémant*** qui est un vin mousseux plus léger que le champagne et plus diversifié. On boit aussi du cava espagnol et du Sekt allemand. La bière est très populaire aussi. De nombreuses brasseries indépendantes se développent dans le pays, et on peut ainsi ***déguster*** des bières extrêmement diverses, toutes plus délicieuses les unes que les autres !

se démoder : to go out of fashion
pétillant : *sparkling*
le crémant : *French sparkling wine*
déguster : to enjoy (food)

Poivre

Vous avez certainement remarqué que j'utilise du poivre dans toutes mes recettes, sauf dans les pâtisseries. En effet, en France, on aime le poivre ! Le poivre noir, blanc, gris, vert... Il existe aussi un mélange très populaire qu'on peut trouver dans le commerce de poivre noir, de poivre blanc, de coriandre, de piment de Jamaïque et de baies roses. On ***moud*** ce mélange dans un ***moulin à poivre***. Il est très aromatique. Quelle est la différence entre tous ces poivres ? Le poivre noir est une graine cueillie en début de ***maturité***, non ***décortiquée*** et ***séchée***. Le poivre blanc est une graine mûre et décortiquée; Il est plus doux que le poivre noir. Le poivre vert est une graine qui n'est pas encore mûre et déshydratée. Son arôme est donc différent.

moudre : to grind
le moulin à poivre : pepper mill
la maturité : ripeness
décortiqué : shelled
séché : dried (out)

Le petit-déjeuner

Vous pensez que les Français mangent des croissants tous les matins ? Ce n'est pas tout à fait vrai. Ils en mangent le dimanche ***éventuellement***, et surtout quand ils ***hébergent*** des amis ou de la famille et que tout le monde prend le petit-déjeuner ensemble. Dans ce cas, juste avant le petit-déjeuner, on va acheter des croissants et des pains au chocolat à la boulangerie **du coin**. Il est rare de ne mettre que des croissants sur la table du petit-déjeuner, ***d'ailleurs***. Ils sont presque toujours proposés avec des pains au chocolat. En général, on prévoit un croissant et un pain au chocolat par personne.

éventuellement : possibly
héberger : to accommodate
du coin : nearby
d'ailleurs : moreover

Qu'est-ce qu'on boit pour le petit déjeuner ? Du café, du café au lait, du thé, du chocolat au lait pour les enfants... Et qu'est-ce qu'on mange alors, un jour normal de la semaine ? On mange des ***tartines*** de pain frais ou de pain grillé avec du beurre, de la confiture ou du miel; beaucoup aiment aussi les biscottes ou le muesli. Les enfants apprécient beaucoup les céréales ***croustillantes***. Certaines personnes mangent des yaourts et des fruits. Il est rare qu'on mange des choses salées au petit-déjeuner. Mais certaines personnes aiment savourer un ***œuf à la coque*** ou du fromage à tartiner. Mon grand-père mange tous les matins un œuf à la coque de sa propre ***basse-cour***. Pour cela, il coupe des petits ***bâtonnets*** de pain frais qu'il ***trempe*** dans le jaune d'œuf.

la tartine : toast
croustillant : crispy
un œuf à la coque : a soft-boiled egg
la basse-cour : barnyard
le bâtonnet : the stick
tremper : to dunk, dip

Tremper les tartines au petit-déjeuner

De nombreux Français ont la ***manie*** assez ***surprenante*** et amusante de ***tremper*** leur tartine beurrée dans leur bol de café au lait le matin. Oui, même les personnes très ***bien élevées*** le font ! Nous trempons aussi nos croissants et nos pains au chocolat dans le café ou le thé. Bien sûr, il reste des ***résidus*** de pain au fond du bol, et le beurre ***fondu*** forme des «***yeux***» à la surface de notre boisson, mais cela ne nous dérange pas du tout !

la manie : habit
surprenant : surprising
tremper : to dunk, dip
bien élevé : well-mannered
le résidu : the residue
fondu : melted
les yeux : globules of fat

La baguette

On peut manger de la baguette ***quasiment*** à tous les repas. C'est un accompagnement presque indispensable. Ainsi, si nous avons faim, nous pouvons ***grignoter*** un peu de baguette en attendant le plat principal, et ensuite nous pouvons utiliser un morceau de pain pour essuyer notre assiette. Nous appelons ça «***saucer***» l'assiette. Mais, pour des raisons d'étiquette, nous évitons de le faire en public, notamment dans les restaurants. Nous le faisons uniquement dans un cadre familial !
Au petit-déjeuner, les Français ne mettent jamais le pain dans leur assiette, mais plutôt à côté, sur la table. D'ailleurs, on n'utilise souvent pas d'assiette du tout !
Quand nous sortons de chez le boulanger et que la baguette est encore chaude, il nous est souvent impossible de résister à la ***tentation***, et nous commençons à manger le «**croûton**» dans la rue. Certaines personnes ***déchirent*** le pain avec la main, d'autres **croquent** directement dans la baguette !

quasiment : almost
grignoter : to snack on, nibble

saucer : to mop up
la tentation : the temptation
le croûton : the crust
déchirer : to tear
croquer dans : to bite into

Bizarreries de la gastronomie française

Eh non, les Français ne mangent pas toutes les semaines des **cuisses de grenouilles** et des **escargots !** Ces spécialités sont proposées dans quelques restaurants français comme attractions touristiques, mais pas partout, loin de là. Les Français en consomment un peu, bien sûr. Mais ce que beaucoup de nos compatriotes ne savent pas, c'est que la grande majorité des grenouilles vendues ne sont pas d'origine française. ***L'élevage*** des grenouilles en France est interdit depuis une quarantaine d'années. Elles sont donc d'origine asiatique, et leur exploitation ***nuit*** beaucoup à la biodiversité. Personnellement, j'ai mangé seulement une fois dans ma vie des cuisses de grenouilles, lorsque j'étais enfant. Et à l'époque, mes parents ne m'ont pas dit ce que c'était. Je l'ai su après !

En ce qui concerne les escargots, soit on les aime soit on les déteste... Je ne les apprécie pas du tout. Mais il existe différentes recettes, la plus populaire étant certainement la recette au beurre ***persillé***, qui contient aussi des ***échalotes*** et de ***l'ail***.

la bizarrerie : oddity, peculiarity
les cuisses de grenouille : frogs' legs
un escargot : a snail
un élevage : a breeding farm
nuire : to harm
persillé : with parsley in
une échalote : shallot
l'ail : garlic

Les couverts

Pour les grandes occasions, comme les repas de famille, les fêtes d'anniversaire ou les communions, les Français aiment beaucoup sortir de leurs placards leur belle vaisselle et leurs beaux **couverts**. Par exemple, ceux qu'ils ont reçus en cadeau de mariage. Ces ustensiles ne servent pas souvent, et ils ont toujours ***l'air*** neufs !

En France, quand on met la table, chacun reçoit une fourchette (à gauche de l'assiette), une petite cuillère (en haut, entre le verre et l'assiette), et un couteau (à droite). Les couteaux ne sont pas seulement utiles pour **couper** la nourriture, ils servent aussi à **pousser** les aliments sur notre fourchette. Il est impossible pour un Français de finir ses derniers grains de riz en utilisant seulement la fourchette.

les couverts : *cutlery*
avoir l'air neuf : *to look brand new*
couper : *to cut, carve, slice*
pousser : *to push*

Les couteaux

Les personnes qui aiment cuisiner ont toujours différentes sortes de couteaux dans leur cuisine. Il existe des couteaux de table, des couteaux à pain, des couteaux à fromage, des couteaux à huîtres, des couteaus à poisson, des **couteaux Laguiole,** des couteaux universels, des **économes**, etc.

un couteau : *knife*
un couteau Laguiole : *The Laguiole knife is originally a high-quality traditional Occitan pocket-knife, produced in the small village of Laguiole, located in the Massif central region of France.*
un économe : *a peeler*

Personnellement, je n'ai pas de couteau à fromage. Ce type de couteau n'est pas toujours utilisé, et on le remplace souvent par un couteau normal. Par exemple, un magnifique couteau Laguiole !

Décoration de table

Cela ne ***semble*** peut-être pas évident, mais les Français ne décorent pas beaucoup leur table. Un petit bouquet de fleurs, quelques ***chauffe-plat***, et voilà ! Même quand on a des invités, on aime la simplicité. Le plus important est une atmosphère conviviale.

Ce n'est que pendant les grandes occasions que la décoration devient vraiment festive : un anniversaire de mariage, Noël, le Jour de l'an... On met alors une ***nappe*** élégante, des ***flûtes*** à champagne en cristal, des ***chandeliers*** décoratifs, des compositions florales, la vaisselle de ***mamie***, des serviettes en tissu...

sembler : *to seem*
le chauffe-plat : *plate warmer*
la nappe : *tablecloth*
la flûte : *champagne flute*
le chandelier : *candlestick*
mamie : *grandma*

La vinaigrette

Quand on prépare une salade, nous choisissons très souvent d'assembler la vinaigrette directement dans le saladier. C'est plus simple et on ne ***salit*** pas de bol ***exprès !*** On ajoute ensuite la ***laitue*** ou la ***roquette*** et on mélange tout.

salir : *to dirty*
exprès : *just for that*
la laitue : *lettuce*
la roquette : *rocket, aragula*

L'eau

Il y a ***l'eau du robinet***, ***l'eau gazeuse*** en bouteille et l'eau minérale non gazeuse. Il est très chic de proposer à ses invités de l'eau gazeuse en bouteille. Mais on peut boire aussi l'eau du robinet ! Présentée dans une carafe avec des **glaçons** et des **rondelles de citron**, elle est présentable et très bonne aussi

l'eau du robinet : *tap water*
l'eau gazeuse : *sparkling water*
le glaçon : *ice cube*
la rondelle de citron : *slice of lemon*

Cuisiner ensemble
Les amis, en France proposent souvent d'aider dans la cuisine. On peut même cuisiner tous ensemble, comme vous l'avez remarqué dans les conversations de ce livre !

Les restaurants «routiers» ou «relais»
Il existe beaucoup de restaurants assez simples au bord des routes et sur les grands axes routiers. Les ***camionneurs*** aiment beaucoup s'y arrêter pour s'y restaurer et se reposer. Mais tout le monde y est bienvenu. On appelle ces restaurants des «***routiers***» ou des «***relais***». Ces établissements proposent un menu simple et pas cher midi et soir. Ils possèdent un parking adapté aux ***poids lourds*** et parfois même des douches.

le camionneur : *lorry/truck driver*
le routier : *roadside cafe, roadside diner*
le relais : *inn*
le poids lourd : *lorry, heavy truck*

*

Après la lecture de ce livre, j'espère que vous vous êtes bien amusé/e en essayant les recettes et que vous avez appris beaucoup de choses sur les habitudes culinaires des Français. J'espère aussi que vous aurez plaisir à ouvrir ce livre aussi souvent que possible !

Printed in Great Britain
by Amazon

66806952R00080